诗韵合璧·索引

汪中新　汪宜庆　编

合肥工业大学出版社

图书在版编目(CIP)数据

诗韵合璧·索引/汪中新,汪宜庆编.—合肥:合肥工业大学出版社,2015.3

ISBN 978 - 7 - 5650 - 2172 - 5

Ⅰ.①诗…　Ⅱ.①汪…②汪…　Ⅲ.①诗集—韵书—中国—清代—字顺索引　Ⅳ.①Z89:I207.21

中国版本图书馆 CIP 数据核字(2015)第 060288 号

诗韵合璧·索引

汪中新　汪宜庆　编	校对　全坤	责任编辑　权怡

出　版	合肥工业大学出版社	版　次	2015 年 4 月第 1 版
地　址	合肥市屯溪路 193 号	印　次	2015 年 4 月第 1 次印刷
邮　编	230009	开　本	880 毫米×1230 毫米　1/32
电　话	总　编　室:0551 - 62903038	印　张	7.5　印　数　2000 册
	市场营销部:0551 - 62903198	字　数	138 千字
网　址	www.hfutpress.com.cn	印　刷	合肥星光印务有限责任公司
E-mail	hfutpress@163.com	发　行	全国新华书店

ISBN 978 - 7 - 5650 - 2172 - 5　　　　定价:28.00 元

如果有影响阅读的印装质量问题,请与出版社市场营销部联系调换。

前　言

　　1922 年出版的《诗韵合璧》一书，发行量很大，据不完全统计，仅自 1982 年至今已销售近十万册，在诗词爱好者中具有深远影响。《诗韵合璧》一书是标准的平水韵，与唐宋以来的古典诗词的用韵一致，双向组词，这是其独特之处。同时，该书词汇丰富，可以为诗人创作和修改诗词曲赋提供广阔的选词范围，具有选词的灵活性和表情达意的准确性。为适应当时的科举考试制度，该书只有韵部，而没有逐字页码目录，需硬记所有字的韵部方可检出词组，使得现代诗人尤其是初学者，面对珍视如璧的图书，却因检索路径复杂而束手无策，不得不望书兴叹、闲置架上。

　　目前，网上仍有该书出售，更有众多诗人撰文发帖探求好的使用方法。作为诗词爱好者，编者结合多年的诗歌创作经验，查阅了大量韵书，历时十年，运用部首检字法，逐字登录，编撰出《诗韵合璧·索引》一书。本书能方便读者快速地查出《诗韵合璧》中的每个韵字,并能够使人们逐渐熟悉其中大量优美准确的词语,以便在创作或修改诗词时选用。

　　《诗韵合璧·索引》的编写体例是先以规范的简化字为字头,再随着笔画渐增以繁体字为字头,并在字头后面的括号内注上异体字或通用字,同时出现对应的繁简体;在编撰过程中,编者尽量紧扣《诗韵合璧》内文的字形和释义,以方便读者参照查检。

　　本书中的独体字多以第一笔为部首,少量的以末笔或独特或突出的笔画归部。若一字有多个归部的可能,则在多个部首中再三出现该字,并在字后准确注明该字在《诗韵合璧》中的韵部和页码,以方便读者选用所需词语。

　　对《诗韵合璧》中没有收录的一些现代常用字,编者查阅参考了几种韵书或辞书,在本书中都准确注明平水韵的韵部,从而弥补了《诗韵合璧》中的不足。

　　因编者水平所限,工作量大,编写时间长,书中错误在所难免,恳请读者不吝指正!

编　者

二〇一四年重阳

目　　录

检 字 表

韦　（韋）微韵 44
专　（專嵩）先韵 138
云　（雲）
　　文韵 96、100、573
丏　（匄）泰韵 397
廿　（念）缉韵 530
市　纸韵 265
丏　铣韵
右　巧韵
卅　（卌）合韵 532
不　尤韵 223
　　物韵 488、569
友　有韵 342
牙　（芽）麻韵 168
屯　真韵 94 元韵 106
互　遇韵 386 径韵 450
丑　（醜）有韵 344

四画

未　未韵 375、564
末　曷韵 492
击　（擊）锡韵 519
戋　（戔）先韵 140
正　庚韵 199 敬韵 446
甘　覃韵 241

世　霁韵 388
本　阮韵 300
可　哿韵 324、560
且　鱼韵 54、544、562
　　马韵 328
册　（冊冊）陌韵 514
丙　梗韵 337
丕　支韵 40
左　哿韵 324 箇韵 438
丘　尤韵 222
右　有韵 344 宥韵 453
布　遇韵 383
卌　（音 xì，义为"四十"）
　　缉韵
平　先韵 139 庚韵 189
龙　（龍）冬韵 13
丛　（叢藂）东韵 10
东　（東）东韵 1
丝　（絲）支韵 30
灭　（威滅）屑韵 498、501

五画

再　队韵 406
吏　真韵 365
亘　（互）径韵 450

丰 （豐）东韵 7 冬韵 19

内 队韵 402 合韵

弔 （吊）啸韵 430 锡韵 521

引 轸韵 296 震韵 409

书 （書）鱼韵 49

爿 阳韵

四画

卡 祃韵、合韵

半 翰韵 417

旧 （舊）宥韵 452

归 （歸）微韵 47

卢 （盧）虞韵 64

史 纸韵 267

夬 卦韵

帅 （帥）真韵 370 质韵 485

央 阳韵 178

冉 俭韵 353

由 尤韵 219、553

申 真韵 87

甲 洽韵 536

电 （電）霰韵 425

出 真韵 374 质韵 481

凹 肴韵、洽韵

凸 月韵 491 屑韵 501

业 （業）洽韵 536

五至七画

曳 （拽）霁韵 392

曲 （麯）屋韵 469 沃韵 473

肉 宥韵、屋韵 465

芈 纸韵 270

师 （師）支韵 27

非 微韵 45、542

果 哿韵 324

畅 （暢）漾韵 443

八画以上

临 （臨）侵韵 231 沁韵 456

将 （將）阳韵 183、186 漾韵 442、573

禺 冬韵 19 虞韵 65

幽 尤韵 227

艳 （豔艶艳）艳韵 458

畢 （毕）质韵 483

鼎 迥韵 339

夥 （伙）蟹韵 292 哿韵 325

冀 宥韵 372

幽 真韵 94

复　（復複）宥韵 453、568
　　屋韵 467、470
禹　麌韵 280
胤　震韵 408
牲　庚韵 192
乘　蒸韵 212 径韵 449
玺　（璽）纸韵 270

十画以上

馗　支韵 39 尤韵 229
甥　庚韵 192
無　（无）虞韵 56
粤　月韵 490
弑　寘韵
毓　屋韵 470
舞　麌韵 280
孵　虞韵
疑　支韵 30
鼎　贿韵 295 队韵 406
靠　号韵 435
鼾　寒韵
鏊　豪韵 157
爨　翰韵 418

【丶部】

二至三画

丫　麻韵 172
义　（義）寘韵 366
丸　寒韵 114
之　支韵 28、538
专　（耑專）先韵 138
卞　霰韵 426
丹　寒韵 111
为　（為）支韵 23
　　寘韵 373、564
斗　（鬥鬧鬮）
　　有韵 343 宥韵 452

四画

主　麌韵 288
半　翰韵 417
头　（頭）尤韵 226
必　质韵 485、568
永　梗韵 336

五画以上

州　尤韵 221
农　（農辳）冬韵 12

求　尤韵 224
良　阳韵 182
卷　（卷）先韵 140 铣韵 310
　　　霰韵 425
並　（并併竝）梗韵 337
　　　迥韵 339 敬韵 449
亲　（親）真韵 87 震韵 410
叛　翰韵 419
举　（舉擧）语韵 277
益　陌韵 515
凼　漾韵 444
蠲　先韵 132

【乙（一乚乛乁）部】

乙　质韵 482

一至三画

刁　萧韵 142
了　（瞭）筱韵 314、559
九　有韵 344
乜　马韵
卫　（衛衞）霁韵 389
子　屑韵 501
予　月韵
也　马韵 328、561

飞　（飛）微韵 45
乞　物韵 487
刃　震韵 407
习　（習）缉韵 528
乡　（鄉）阳韵 174
幺　萧韵 143
尺　陌韵 514
弔　（吊）啸韵 430 锡韵 521
尹　轸韵 296
巴　麻韵 171
无　（無）虞韵 56
孔　董韵 255
爿　阳韵
夬　卦韵 401
丑　（醜）有韵 344
以　纸韵 267、556
予　鱼韵 51 语韵 274
书　（書）鱼韵 49

四画

司　支韵 31 真韵 375
民　真韵 91
弗　物韵 487、569
出　真韵 374 质韵 481
发　（發髮）月韵 489、490

丝 （絲）支韵 30

五画

尽 （盡儘）轸韵 296
艮 愿韵 415
乩 齐韵
丞 蒸韵 210
买 （買）蟹韵 292

六至九画

即 职韵 526、572
君 文韵 99
乱 （亂）翰韵 416
事 寘韵 364
甬 肿韵 258
隶 （隸隸）霁韵 391
肃 （蕭）屋韵 467
畅 （暢）漾韵 443
亟 职韵 526
函 覃韵、咸韵 249
承 蒸韵 210
乳 麌韵 284
虱 （蝨）质韵 484
叚 （假）马韵 328 祃韵 440
昼 （晝）宥韵 452
咫 纸韵 260

既 未韵 377、565
癸 纸韵 267
矜 （矜）蒸韵 213

十画以上

乾 （干幹榦）
　　寒韵 113 先韵 138
　　翰韵 416、420
暨 寘韵 372、564
　　未韵 377
豫 御韵 380

【十部】

十 缉韵 529

一至六画

千 （仟韆）先韵 127、140
卅 （卅）合韵 532
支 支韵 23
斗 （鬥閗鬮）
　　有韵 343 宥韵 452
卉 尾韵 272 未韵 377
古 麌韵 282
叶 （葉）叶韵 532、535
　　洽韵 536
早 皓韵 318

匿　职韵 525

匪　尾韵 273、558

匱　真韵 372

匾　(扁)铣韵 311、313

奁　(匳奩匲)盐韵 245

赜　陌韵 517

【刂部】

二至四画

刈　队韵 405

刊　寒韵 114

刑　青韵 204

列　屑韵 497

划　(劃)麻韵 173

　　哿韵、陌韵

刚　(剛)阳韵 183

则　职韵 524、574

创　(創刅剙)阳韵 180

　　漾韵 444、445

刖　(趽)月韵 491 黠韵 495

刎　吻韵 299

刘　(劉)尤韵 219

五画

刦　(劫刼)叶韵、洽韵 537

划　(剗)潸韵 308

别　(彆)屑韵 498、499

钊　萧韵 149

利　真韵 366

删　删韵 119

刨　(鉋鑤)肴韵 153

判　翰韵 419

到　(到)青韵、迥韵 339

六画

刺　真韵 371 陌韵 518

刳　虞韵 68

到　号韵 434

刲　齐韵 74

剁　(剮)霁韵 394

剀　(剴)灰韵

刹　黠韵 495

刽　(劊)泰韵

刮　黠韵 495

制　(製)霁韵 388、391

例　霁韵 391

剁　箇韵

剂　(劑)支韵 40 霁韵 392

刻　职韵 524

刷　黠韵 496

七画

荆　庚韵 189

剋　职韵 526

刺　曷韵 493

削　药韵 506 叶韵

则　职韵 524、574

刚　（剛）马韵

剑　（劍剱劔）
　　艳韵 458 陷韵 461

剉　（锉）箇韵 437、438

剃　（薙髢）霁韵 394

前　先韵 127

八画

剔　锡韵 521

剜　寒韵 117

剖　麌韵 289 有韵 346

剡　俭韵 353

剧　（劇）陌韵 515

剥　（剝）觉韵 478

九画以上

副　宥韵 454 屋韵 471
　　职韵 527

割　（割）陌韵 518

剩　（賸）经韵 450

割　曷韵 492

剐　卦韵 401

剽　（慓）萧韵 150
　　筱韵 315 啸韵 431

劉　（鐂勠）尤韵 230
　　屋韵 468、471

劋　（勦）肴韵 153 篠韵

劗　真韵 373

劍　支韵 43

【刀部】

刀　豪韵 155

刁　萧韵 142

刃　震韵 407

切　霁韵 394 屑韵 499

分　文韵 97 问韵 411

叨　豪韵 159

召　啸韵 429

刧　（刦劫）叶韵、洽韵 537

初　鱼韵 49

券　愿韵 414

芬　（昐）文韵 100

剪　（翦）铣韵 310

劈　锡韵

【勹部】

匐　（芻）虞韵 56

危　支韵 26

负　有韵 343

争　庚韵 194

色　职韵 523

龟　（龜）支韵 27　尤韵 230

奂　翰韵 419

兔　铣韵 309

兔　（兔）遇韵 384

急　缉韵 528

艳　（豔艷艶）艳韵 458

象　养韵 329

鲁　麌韵 284

赖　泰韵 396

麁　（粗觕麤）虞韵 65　麌韵

夐　敬韵 448

詹　盐韵 247

豫　御韵 380

【卜部】

卜　屋韵 468

卞　霰韵 426

占　盐韵 245　艳韵 459

处　（處處処）
语韵 275　御韵 378

卢　（盧）虞韵 64

卯　巧韵 317

贞　庚韵 197

卤　（鹵滷）麌韵 283、284

卣　尤韵 229　有韵 346

卦　卦韵 398

卧　箇韵 437

卓　觉韵 477

桌　（槕卓）觉韵

睿　霁韵

【冂部】

冈　（岡）阳韵 181

内　队韵 402　合韵

丹　寒韵 111

冉　（冄）俭韵 353

再　队韵 406

同　（仝、衕通"衕"）
东韵 1、12

网　（網）养韵 333

斜　麻韵 169

盒　合韵

舒　鱼韵 50

畬　鱼韵 54 麻韵 172

翕　辑韵 530

禽　侵韵 234

焚　职韵

舖　(铺)虞韵 65 遇韵 387

舘　(馆)旱韵 304 翰韵 420

龠　(篇)药韵 507、508

【亻部】

一至二画

亿　(億)职韵 525

仁　真韵 87

什　缉韵 529

仃　青韵 206

仆　(僕)
　　遇韵 386 宥韵 455
　　屋韵 468 沃韵 476

仇　(讎讐)尤韵 222、224

化　祃韵 440

仍　蒸韵 213、553

仅　(僅厪)文韵 101

震韵 409、566

伩　职韵 527

三画

仁　麻韵

仕　纸韵 269

仗　养韵 332 漾韵 443

付　遇韵 386

代　队韵 403

仙　先韵 134

仪　(儀)支韵 25

仟　(阡)先韵 128、140

仫　屋韵

仡　物韵 487

伋　缉韵 530

们　(們)元韵、愿韵

仞　震韵 408

他　(佗)歌韵 164

仔　支韵 41 纸韵 271

四画

伕　虞韵

传　(傳)先韵 139
　　霰韵 423、424

伟　(偉)尾韵 272

优　(優)尤韵 217

伯　陌韵 511

㑉　(傯)宥韵

佟　冬韵

佣　(傭)冬韵 18

低　齐韵 70

佝　虞韵、宥韵

你　(伱)纸韵 271

佗　(他)歌韵 163、164、550

位　寘韵 366

住　遇韵 385

伴　旱韵 305

伺　寘韵 373

佛　(佛髴)未韵 378

　　物韵 486、487

伽　歌韵 165 麻韵

六画

侠　(俠)叶韵 534

佳　佳韵 75

侍　寘韵 369

佶　质韵 484

佬　(老)萧韵、皓韵 319

佴　寘韵、队韵

供　(共)冬韵 17 宋韵 362

使　纸韵 268 寘韵 368

侥　(僥徼)萧韵 148 篠韵

侉　(夸)麻韵

佰　陌韵

侑　宥韵 453

例　霁韵 391

侄　(姪)质韵 485 屑韵 502

佌　纸韵 271

侦　庚韵 202 敬韵 449

侣　语韵 273

侗　东韵 11 董韵 256

佪　灰韵

侃　旱韵 306 翰韵 420

侧　职韵 524

佾　质韵 485

佻　萧韵 148 筱韵 316

侏　虞韵 68

侁　真韵 94

侨　(僑)萧韵 148

佺　先韵 140

佹　纸韵 271

侩　(儈)泰韵 397

侚　震韵

侈　纸韵 262

佩　(珮)队韵 403

倢	叶韵 535		铣韵 312 啸韵 431
倒	皓韵 320 号韵 435	做	（髲）养韵 330、333
倾	（傾）庚韵 200	倦	霰韵 426
倘	（儻）阳韵、养韵 331	倨	御韵 380
	漾韵 445、562	倔	物韵 488
俱	虞韵 61	健	愿韵 413
倡	阳韵 182 漾韵		**九画**
個	（个箇）箇韵 436	偰	（契）屑韵 500
啰	（囉）歌韵、麻韵	债	问韵 411
倏	屋韵 471	做	（作）遇韵 387
倬	觉韵 478		箇韵 436 药韵 503
倮	（臝裸）哿韵 325	偪	（逼）屋韵 471 职韵 525
倏	（條儵）屋韵 471、568	偃	阮韵 301
候	（俟）宥韵 451	偕	佳韵 76
俳	佳韵 77 灰韵	偭	铣韵、霰韵 428
倭	支韵 43 歌韵 165	偿	（償）阳韵 180 漾韵 445
倪	齐韵 72	偈	霁韵 392 屑韵 501
俾	支韵、纸韵 265、573	偶	有韵 344
	霁韵	偎	灰韵 84
倜	锡韵 521	偲	支韵 40
倌	寒韵 118	偁	蒸韵 214
倥	东韵 12	偷	（媮）尤韵 226、229
倍	贿韵 295	偬	（傯）董韵 256 宋韵 360
俯	（俛頫）麌韵 288	偊	麌韵

十三画以上

僵 (殭) 阳韵 182
儇 先韵 139
儋 覃韵 243
僻 陌韵 516
懋 宥韵 455
儒 虞韵 57
傀 灰韵、贿韵 295

【入部】

入 缉韵 528
佘 阮韵
徐 (䌷) 锡韵 520

【八部】

八 黠韵 494

二至四画

兮 齐韵 71、546
分 文韵 97 问韵 411
公 东韵 8
六 屋韵 468
只 (隻衹祇) 支韵 36
　 纸韵 260、555
　 陌韵 517

共 宋韵 362
兴 (興) 蒸韵 213 径韵 450

五至八画

兵 庚韵 191
谷 屋韵 465 沃韵
岔 麻韵、祃韵
坌 愿韵 415
其 支韵 38
　 真韵 374、541、564
具 遇韵 383
典 铣韵 308
尪 (尫) 阳韵 186
贫 真韵 92
忿 吻韵 299 问韵 411
瓮 (甕) 送韵 359
盆 元韵 107
翁 东韵 10
真 真韵 84

九画以上

黄 阳韵 179
巽 愿韵 414
異 (异) 真韵 367、374
與 (与) 鱼韵 54、543
　 语韵 274 御韵 380

孳 （孜）支韵 40 真韵 374

曾 蒸韵 215、552

煎 先韵 135 霰韵 427

羡 （羨）霰韵 426

善 铣韵 308 霰韵 428

甆 （瓷）支韵 40

慈 支韵 33

蠢 真韵 94

猷 尤韵 219

辊 铣韵

蝛 陌韵 518 职韵

夔 支韵 36

蠲 齐韵 132 先韵

【勹部】

勹 肴韵 154

勺 药韵 507

勿 物韵 487、569

匀 真韵 93

勾 （句）尤韵 229

句 （勾）虞韵 67 尤韵 229

遇韵 384 宥韵 454

匆 （怱恩）东韵 11

包 肴韵 151

旬 真韵 93

匈 （胸）冬韵 18

甸 霰韵 426

匋 豪韵 159

匌 庚韵 202

匍 虞韵

匐 屋韵 471 职韵 527

匏 肴韵 152

够 （夠彀）宥韵 454

【几部】

几 （幾）微韵 46

纸韵 263（机）

尾韵 272、557

真韵 375

凡 （凣）咸韵 250、554

风 （風）东韵 5

送韵 360（讽）

冗 （宂）肿韵 257

亢 阳韵 185 漾韵 444

秃 屋韵 469

凤 （鳳）送韵 357

凫 屋韵 471

肌 支韵 33

兎　（鼻）虞韵60
咒　（呪）宥韵454
凯　（凱）贿韵
凭　（憑凴）蒸韵213、216
　　径韵450
亮　漾韵444
凰　阳韵185
凳　（櫈）径韵450

【儿部】

儿　（兒）支韵25　齐韵75
兀　月韵490
元　元韵101
允　轸韵296
兄　庚韵191
尧　（堯）萧韵143
光　阳韵174
兇　（凶）冬韵17、18
先　先韵127　霰韵428
兆　筱韵316
充　东韵7
克　（尅尟）职韵526
兒　纸韵263
兑　泰韵397

完　寒韵118
兖　铣韵311
党　（黨）养韵331
竞　（競）敬韵448
兜　尤韵229
竟　敬韵448、567
兢　蒸韵213

【匕部】

匕　纸韵263
北　队韵406　职韵524
死　纸韵266
此　纸韵261、556
旨　纸韵262
顷　庚韵202　梗韵336
些　麻韵172
　　箇韵436、551
酆　漾韵444
匙　支韵37
疑　支韵30

【宀部】

一至四画

亡　阳韵187

六　屋韵 468
方　阳韵 178
亢　阳韵 185　漾韵 444
市　纸韵 265
玄　先韵 133
交　肴韵 150
齐　（齊）齐韵 69　霁韵 393
亦　陌韵 517、571
产　潸韵 307
充　东韵 7
亥　贿韵 295
妄　漾韵 444

五至六画

亨　庚韵 188
亩　（畝）有韵 345
弃　（棄）寘韵 368
肓　阳韵 185
忘　阳韵 180　漾韵 445
变　（變）霰韵 423
京　庚韵 189
享　（飨饗）养韵 332
卒　质韵 484、570
　　月韵 489
夜　（亱）祃韵 438

盲　阳韵 185　庚韵 188
育　屋韵 467
氓　（甿）庚韵 194

七画

哀　灰韵 80
亮　漾韵 444
亭　青韵 205
弯　（彎）删韵 119
峦　（巒）寒韵 116
奕　陌韵 517
娈　（孌）铣韵 311　霰韵 428
孪　先韵
弈　陌韵 517
栾　（欒）寒韵 116
挛　（攣）先韵 140
帝　霁韵 390
彦　霰韵 425

八画

亳　药韵 507
衰　（缞）支韵 36、40
　　灰韵 83　歌韵
衷　东韵 3　送韵 360
高　豪韵 157
斋　（齋）佳韵 77

冲　（冲衝）东韵 3 冬韵 14

冰　蒸韵 211

次　真韵 367

决　（決）屑韵 498

尽　（盡儘）轸韵 296

冻　（凍）送韵 359

况　（況）漾韵 444、567

冷　梗韵 338

冶　马韵 328

冽　屑韵 502

净　敬韵 448

冼　铣韵、迥韵 339

将　（將）阳韵 183、186
　　漾韵 442、573

凄　（凄悽）齐韵 69、70、74

八画以上

凌　（淩）蒸韵 211

清　敬韵 448

淞　冬韵 18 送韵 360

淨　敬韵 448

准　（準凖）
　　轸韵 296 屑韵 502

凋　萧韵 142

凉　（涼）阳韵 177 漾韵

弱　药韵 504

凑　（湊）宥韵 454

减　（減）豏韵 354

凛　寝韵 349

凝　蒸韵 213 径韵 450

【一部】

写　（寫）马韵 328

军　（軍）文韵 99

农　（農蕽）冬韵 12

罕　旱韵

冠　寒韵 115 翰韵 418

冢　（冢塚）肿韵 258

冥　青韵 208

冤　（寃）元韵 103

幂　（冪）锡韵 520

【讠（言）部】

言　元韵 103

訇　先韵、庚韵 202

訆　豪韵、尤韵

狺　真韵 94 文韵 101

詟　（讋）叶韵 535

詈　真韵 373

訾 （訿）支韵 38　纸韵 263

詹 盐韵 247

督 （察）黠韵 495　屑韵

誉 （譽）鱼韵 51　御韵 379

誊 （謄）蒸韵 217

誓 霁韵 392

謷 肴韵、豪韵、号韵

謇 铣韵 311

謦 迥韵 339

警 梗韵 335

譬 寘韵 373

讎 （讐）尤韵 222

二画

计 霁韵 388

订 迥韵、径韵

讣 遇韵 387

认 （認）震韵 409

讥 （譏）微韵 46

三画

许 （許）月韵 492　屑韵 500

訏 虞韵 67

讧 东韵 11

讨 皓韵 320

让 （讓）漾韵 442

讯 震韵 408　问韵

讪 （訕）删韵 124　谏韵 422

议 （議）寘韵 369

讫 物韵 487

训 问韵 410

记 寘韵 367

讱 震韵

四画

讲 （講）讲韵 259

讵 语韵 278

　　御韵 381、573

讳 （諱）未韵 377

讴 （謳）尤韵 225

讶 祃韵 441

讷 （吶）月韵 490　屑韵 502

讼 宋韵 361

论 （論）元韵 107　愿韵 412

讻 （訩詾）

　　冬韵 19　肿韵 259

许 语韵 276

讹 （吪）歌韵 164

䜣 （欣忻）文韵 100

讽 （諷）送韵 360

设 屑韵 499

访	漾韵 444		试	寘韵 368	
诀	觉韵、屑韵 499		诖	卦韵 402	

五画

评	庚韵 189 敬韵 449
证	（證）敬韵 449 径韵 450
诂	虞韵、遇韵 288
词	歌韵 164
识	（識）真韵 371 职韵 525
诅	语韵 380 御韵
诊	轸韵 297 震韵 409
诈	祃韵 440
诉	（愬）遇韵 386 陌韵 517
诋	齐韵 70 荠韵 291
诌	（謅）尤韵 230
译	（譯）陌韵 517
词	（辞辤）支韵 30
诏	啸韵 429
诎	物韵 487
诒	（贻给）赉韵 295 真韵 374
诐	支韵 43 真韵 372

六画

诛	纸韵 267
诓	养韵、漾韵

诗 支韵 29
诘 质韵 484
诙 灰韵 84
诚 庚韵 198
诠 （詮）先韵 140
诛 虞韵 57
诜 真韵 94
话 卦韵 401 祃韵
诞 旱韵 306
诟 宥韵 454
诡 纸韵 261
询 真韵 94
诤 庚韵、谏韵、敬韵 448
诧 祃韵 441
该 灰韵 81
详 阳韵 183
诨 愿韵
诣 霁韵 392
诩 麌韵 289

七画

诗 尤韵
诚 卦韵 400

语　语韵 273 御韵 380
诬　虞韵 65
誺　队韵 406 月韵 491
诮　啸韵 430
误　（悮）遇韵 385
诰　号韵 434
诱　有韵 346
诲　队韵 404
诳　漾韵 445
说　霁韵 393 屑韵 497
诵　宋韵 361
诶　支韵、灰韵
狱　（獄）沃韵 474

八画

请　庚韵 203 梗韵 335
　　敬韵 448
诺　药韵 506
诸　鱼韵 53、542
读　（讀）宥韵 455 屋韵 467
诹　虞韵 67 尤韵 229
诼　觉韵 477
课　箇韵 437
诽　微韵 48 尾韵 272
　　未韵 378

谂　寝韵 349
诿　寘韵 375
谁　支韵 35、539
诿　虞韵 58
调　萧韵 143 尤韵 230
　　啸韵 430
谄　俭韵 353
谊　寘韵 370
诨　寘韵 374 队韵 406
谆　真韵 94 震韵 409
谅　漾韵 444
谈　覃韵 241

九画

谎　阳韵、养韵
谌　侵韵 237
谋　尤韵 225
谍　（諜）叶韵 534
谏　谏韵 420
诚　庚韵 198
谑　药韵 507
谒　月韵 489
谓　未韵 377、574
谔　药韵 507
谖　元韵 108

谕　（喻）遇韵 386

谗　（讒）咸韵 249 陷韵 461

谍　陌韵

谛　霁韵 392

谞　覃韵 239

谚　霰韵 427

谘　（咨）支韵 38

谜　霁韵 394

谝　铣韵 313

諠　（喧）元韵 103

谞　鱼韵、语韵

谐　佳韵 76

十画

谟　虞韵 61

谠　（讜）养韵 331

谡　屋韵 470

谣　萧韵 146

谢　祃韵 439

谤　漾韵 443

谧　质韵 484

谥　（諡）真韵 371 陌韵

谦　盐韵 245

十一画

谨　吻韵 299

谩　寒韵 117 翰韵 420

　　谏韵 422

谪　陌韵 517

谬　宥韵 454

十二画以上

谭　覃韵 238

谮　沁韵 456

谯　萧韵 145 啸韵

谰　寒韵 118 翰韵 419

谱　麌韵 282

谲　屑韵 499

谳　铣韵 311 屑韵 500

谵　盐韵、合韵

谴　霰韵 427

谳　（宴）霰韵

雠　（讐）尤韵 222

谶　沁韵 456

【卩（㔾）部】

卫　（衛衞）霁韵 389

卬　有韵

卮　（巵）支韵 32

印　震韵 407

卯　巧韵 317

爷　（爺）麻韵 172

危　支韵 26

却　（卻）药韵 506、571
　　陌韵 518

卯　旱韵 305 晧韵 325

卲　（邵）啸韵 430

即　职韵 526、572

卹　（恤賉）质韵 483

卷　（季捲）先韵 140
　　铣韵 310 霰韵 425

卺　吻韵 299

卸　祃韵 441

卿　庚韵 191

脚　药韵 504

御　（禦）语韵 273 御韵 378

【阝（左）部】

二至四画

队　（隊）队韵 402

阢　月韵

阡　（仟）先韵 128

阱　（穽）梗韵、敬韵 448

阮　元韵 109 阮韵 300

阨　（厄阸）卦韵、陌韵 518

阵　（陣）震韵 407

阳　（陽）阳韵 173

阴　（陰）侵韵 236

阶　（階堦）佳韵 76

阪　阮韵、潸韵 301

防　阳韵 184 漾韵 445

阬　（坑）阳韵
　　庚韵 188 漾韵

陏　（堕）寘韵 288

五画

陆　（陸）屋韵 466

际　（際）霁韵 390

阿　歌韵 161

陈　（陳）真韵 89

陇　（隴）肿韵 257

阽　盐韵 248

阻　语韵 277

阼　遇韵 385

陁　支韵、纸韵

附　（坿）遇韵 384、387

陀　歌韵 162

陂　支韵 24 真韵 375

陉　（陘）青韵 205

六至八画

陕　（陝）俭韵 353
陋　宥韵 452
陌　（百佰）陌韵 510
降　江韵 21 绛韵 363
陔　灰韵 83
限　潸韵 307
陡　（阧）有韵 347
陟　职韵 526
陧　屑韵 500
陨　轸韵 298
险　（險）俭韵 352
除　鱼韵 53 御韵 381
陛　荠韵 290
陵　蒸韵 211
陬　尤韵 226
陲　支韵 34
陶　萧韵 148 豪韵 156
陷　陷韵 460
陴　支韵、佳韵 39
陪　灰韵 79

九画

隋　支韵 42 哿韵 325
随　（隨）支韵 32

陙　（埻）真韵 94
隄　（堤）齐韵 70
隅　虞韵 56
隈　灰韵 78 队韵
隍　阳韵 185
隗　灰韵 84 贿韵 295
隆　东韵 7
隐　（隱）吻韵 299 问韵 411

十画以上

隔　陌韵 515
隙　陌韵 514
隈　微韵、灰韵
隘　卦韵 399
障　阳韵 186 漾韵 443
隤　灰韵
隩　号韵 434 屋韵
隧　真韵 371
隳　支韵
隰　缉韵 529

【阝（右）部】

二至四画

邓　（鄧）径韵 450
邗　寒韵

郛　虞韵 66

都　支韵

部　号韵 435 沃韵

郡　问韵 411

八画

都　虞韵 65

郴　侵韵 238

郫　支韵 41

部　麌韵 286

郭　药韵 505

郯　覃韵 242

郸　寒韵 117

九画以上

鄄　愿韵 415

鄞　霰韵

鄂　药韵 507

鄘　支韵 41

鄢　先韵 141 阮韵 303

鄞　真韵 95 文韵 101

鄭　药韵

鄙　纸韵 265

鄟　阳韵 186

廊　冬韵

鄜　虞韵

鄱　歌韵

鄲　霰韵 427

【凵部】

凶　（兇）冬韵 17、18

击　（擊）锡韵 519

凸　月韵 491 屑韵 501

出　（齣）真韵 374 质韵 481

凹　肴韵、洽韵

画　（畫）卦韵 399 陌韵 514

凼　（氹）漾韵

函　（圅）覃韵 249

幽　尤韵 227 有韵

凿　（鑿）号韵 435
药韵 506、509

幽　真韵 94

【力部】

力　职韵 523

二至四画

办　（辦）谏韵 421

劝　（勸）愿韵 414

功　东韵 8

夯　阳韵

【厶部】

厶 （私）支韵 35
么 （麼）歌韵 165 哿韵 325
幺 萧韵 143
云 （雲）文韵 96、100、573
允 轸韵 296
去 语韵 278 御韵 379
弁 （般）寒韵 118 霰韵 426
台 （臺）支韵 40
　　灰韵 80、83
牟 尤韵 225
县 （縣）先韵 133 霰韵 423
矣 纸韵 270、557
私 （厶）支韵 35
叁 （三弎）
　　覃韵 241 勘韵 457
参 （參葠蔘）侵韵 237
　　覃韵 238 勘韵 457
能 灰韵 84 蒸韵 215
狁 灰韵 83 贿韵 295

【又部】

又 宥韵 455、568

一至五画

叉 佳韵、麻韵 170
支 支韵 23
劝 （勸）愿韵 414
友 有韵 342
反 元韵 108 阮韵 301
双 （雙隻）江韵 21
圣 （聖）敬韵 447
对 （對）队韵 404
发 （發髮）月韵 489、490
观 （觀）寒韵 115 翰韵 416
戏 （戲戯）
　　支韵 41 真韵 366
欢 （歡懽讙驩）
　　寒韵 116、117 翰韵
鸡 （鷄雞）齐韵 71
坚 （堅）先韵 129

六至十画

取 麌韵 287
叔 屋韵 468
贤 先韵 129
受 有韵 344
变 （變）霰韵 423
艰 （艱）删韵 123

二至三画

去　语韵 278　御韵 379
圣　（聖）敬韵 447
圩　虞韵
圬　（杇）虞韵 69
圭　（珪）齐韵 74
寺　真韵 367
在　贿韵 294　队韵 406
至　真韵 366
尘　（塵）真韵 89
老　皓韵 319
考　（攷）皓韵 320
圪　月韵
圳　（甽畎）铣韵
圾　缉韵
圹　（壙）漾韵 444
圮　纸韵
圯　支韵 42　纸韵 270
地　真韵 364
场　（場塲）阳韵 178

四画

坛　（壇罈壜罎）
　寒韵 112　覃韵 243
坏　（壞）卦韵 400

坼　（坼）锡韵
址　（阯）纸韵 271
坚　（堅）先韵 129
里　（裏裡）纸韵 268
坝　（壩）祃韵 441
坐　哿韵 324　箇韵 437
坌　愿韵 415
坋　吻韵 299　问韵 411
圻　微韵
坻　纸韵
坂　（岅阪）阮韵、潸韵
均　真韵 93
坤　覃韵
坎　感韵 350
坞　（塢隖）麌韵 288
坟　（墳）文韵 98　吻韵 299
坊　阳韵 180
坑　（阬）庚韵 188
块　（塊）卦韵、队韵 405
坠　（墜）真韵 369
坳　（坳）肴韵 152
灶　（竈）号韵 434

五画

坿　遇韵

坪　庚韵 203

坷　哿韵 324 箇韵 436

莹　(塋)庚韵 202

坩　覃韵 242

坯　(坏)灰韵 83

坫　侵韵、艳韵 459

垆　(墟罏)虞韵 67

坦　旱韵 306

坤　(堃)元韵 107

垌　青韵 209

坿　(附)虞韵
　　遇韵 384、387

坵　(丘邱)尤韵 222

坻　支韵 37 纸韵 270
　　荠韵 291 霁韵

坼　陌韵

坨　歌韵

垅　(壠壟)肿韵 257

垃　曷韵

幸　(倖)梗韵 336

坡　歌韵 164

坭　(泥)齐韵 73
　　荠韵 291 霁韵 393

六画

垌　送韵

垲　(塏)贿韵 295

垭　(埡)遇韵、药韵

垩　(堊)药韵 508

型　青韵 205

垣　元韵 102

垮　马韵

垤　屑韵 501

城　庚韵 198

垫　(墊)艳韵 459

垌　寘韵

垧　养韵

埏　先韵 139

垢　有韵 345

垛　(垜稑)哿韵 324

垞　麻韵

垱　(壋)漾韵

垓　灰韵 83

垴　皓韵

垟　阳韵

垒　(壘)支韵、纸韵 267
　　贿韵、队韵、质韵

垦　(墾)阮韵 303

埌　真韵 91 文韵 101
　　元韵 109

七画

埔　麌韵
埂　庚韵、梗韵
埘　（塒）支韵 40
埕　庚韵
埋　佳韵 77
埚　（堝）歌韵 166
埙　（壎）元韵 108
袁　元韵 109
埓　屑韵 500
垸　寒韵、翰韵
埌　漾韵
垺　虞韵、尤韵
埏　震韵、问韵
埃　灰韵 80

八画

埻　（埻）铣韵 311 霰韵
堵　虞韵 288
堎　蒸韵、敬韵
域　职韵 524
基　支韵 30
填　真韵 373 职韵 526

埼　（碕）支韵、微韵
堑　（塹壍）艳韵 459
堂　阳韵 175
場　陌韵 518
埝　艳韵 460 叶韵
堆　灰韵 79
埤　支韵 41 霁韵
堋　蒸韵 216 径韵 450
堌　遇韵
埠　遇韵
培　灰韵 83 有韵 346
堉　屋韵
执　（執）缉韵 529
塊　遇韵
埽　皓韵 320 号韵 435
堀　月韵 491
埭　队韵 405
堕　（墮）支韵 38 哿韵 324

九画

堨　歌韵 166
堪　覃韵 241 、554
堞　叶韵 534
塔　合韵 531
堰　阮韵 301 愿韵 415

肿韵 257 宋韵 362
壁 锡韵 519
壑 药韵 505
壕 （濠）豪韵 158
疆 阳韵 183
壤 养韵 333

【士部】

士 纸韵 269
壬 侵韵 237
吉 质韵 482
壮 （壯）漾韵 443
志 （誌）寘韵 365、371
壳 （殼）觉韵 478
声 （聲）庚韵 199
毐 贿韵
壶 （壺）虞韵 61
壸 （壼）阮韵 302
奘 养韵 334
悫 （慤愨）觉韵 478
喆 （哲）屑韵 499
颉 黠韵 496 屑韵 500
喜 纸韵 265
壹 质韵 482
鼓 麌韵 281
橐 （槖）药韵 506
嘉 麻韵 169
熹 （熺）支韵 40
馨 青韵 206
鼙 （鞞）齐韵 73
懿 寘韵 372
嚭 （嚭）纸韵 264

【扌(手)部】

手 有韵 341
承 蒸韵 210
拜 卦韵 400
挈 屑韵 500
挚 寘韵 375
拿 （拏挐）
鱼韵 54 麻韵 171
挛 （攣）先韵 140
拳 先韵 139
挲 （挱）歌韵 165
掌 养韵 331
掰 （擘）陌韵 518
掣 霁韵 392 屑韵 499
摹 虞韵 66

搴　先韵 141 铣韵 312
摩　歌韵 164 箇韵
擎　庚韵 192
攀　删韵 121

一至二画

扎　（札紥紮剳）
　　黠韵 494 洽韵 537
打　马韵、梗韵 337
扑　（撲）屋韵 469
扒　（爬）麻韵、卦韵
扔　蒸韵 217 径韵

三画

扛　江韵 20
扣　有韵 346 宥韵 455
扦　先韵
扢　月韵 491
托　（託）药韵 506
执　（執）缉韵 529
扱　辑韵、洽韵
扩　（擴）药韵
扪　元韵 109
扠　（叉）麻韵 170
扫　（埽掃）
　　皓韵 320 号韵 435

扬　（揚飏颺敭）
　　阳韵 173、182
　　漾韵 445

四画

扶　虞韵 59
抚　寒韵、翰韵
抚　（撫）虞韵 287
技　纸韵 265
抟　（摶）寒韵 115 先韵
抔　尤韵 229
抠　（摳）虞韵、尤韵 229
扰　（擾）篠韵 314
扼　（搤）陌韵 518
拒　语韵 276
㧌　（搗）径韵
找　麻韵、巧韵
批　齐韵 73 屑韵 502
扯　（扯撦）马韵
抄　肴韵
抡　（掄）真韵 95 元韵 109
扮　吻韵、谏韵 422
抢　（搶）阳韵 186 养韵 334
抓　肴韵 153、巧韵、效韵
折　（摺）齐韵 71

屑韵 498、499

叶韵 535

扳　删韵 124

投　尤韵 226

抵　纸韵

抑　职韵 526

抛　(拋)肴韵 152

抖　有韵

抃　(拚)霰韵

扷　吻韵 299 问韵 411

抗　漾韵 444

护　(護)遇韵 385

抒　语韵 274

抉　屑韵 500

扭　有韵

把　(弝欛)麻韵

　　马韵 328 祃韵 441

拟　(擬)纸韵 270

捆　(搁)阳韵

报　(報)号韵 433

五画

抨　庚韵 203

抹　曷韵 493

拓　(搨)药韵 508 合韵 532

拔　曷韵 492 黠韵 494

拢　(攏)董韵 256

拎　虞韵

拣　(揀)潸韵 308 霰韵 427

拈　盐韵 247

抹　祃韵

担　(擔)覃韵 242

　　勘韵 457 艳韵

押　洽韵 537

抽　尤韵 223

押　(抴)真韵、铣韵

拐　(枴)蟹韵 292

拎　(撑)青韵

扶　质韵 485

拃　曷韵

拖　(拕)歌韵 165 箇韵 323

拊　虞韵 285

拍　陌韵 516

拆　陌韵

拥　(擁)肿韵 257

抵　(觝牴)

　　纸韵 260 荠韵 291

拘　虞韵 66

抱　(菢)皓韵 320 号韵 435

拧　庚韵、径韵

拉　合韵 532

拄　虞韵、麌韵 289

拦　寒韵 118

拌　寒韵 118 翰韵

抿　真韵、轸韵

拂　物韵 486

拙　屑韵 499

拚　(抃拼)元韵
　　问韵 411 霰韵 426

抬　(擡)灰韵 84

招　萧韵 146

披　支韵 33 纸韵

拨　(撥)曷韵 493

择　(擇)陌韵 516

拇　有韵 346

拗　巧韵 317 效韵 433
　　屋韵

六画

挟　(挾)叶韵 534

拭　职韵 526

挂　卦韵 398

持　支韵 32

拮　质韵 486 屑韵 502

挠　(撓)豪韵 156
　　巧韵 317 效韵

拷　皓韵

挜　(掗)祃韵

拱　肿韵 258

挞　(撻)曷韵 493

挎　虞韵

挝　(撾)歌韵、麻韵 171

挏　东韵、董韵

挡　(擋)漾韵 445

拽　(曳拽擺)
　　霁韵 392 屑韵

挏　(撒)曷韵

拴　删韵

拾　缉韵 529 叶韵

挌　(格)药韵、陌韵

挑　萧韵 142 豪韵 159
　　筱韵 315

挺　迥韵 338

括　(筈)曷韵 493

指　纸韵 262

挣　敬韵

挖　(穵)黠韵

挓　麻韵

按　翰韵 417

挤　（擠）齐韵 73
　　荠韵、霁韵 393

拼　（拚抃）元韵
　　问韵 411 霰韵 426

挥　（揮）微韵 44

挪　歌韵

挦　（撏）盐韵 248

拯　迥韵 339

拶　曷韵

七画

捞　（撈）豪韵 159

振　真韵 94 震韵 408

捕　遇韵 386

捂　（摀）遇韵 387

捎　肴韵 152

挟　（挾）叶韵 534

捍　（扞）翰韵 418

捏　（揑）觉韵、屑韵 502

捉　觉韵 477

捆　（綑）阮韵 302

捐　先韵 137

损　（損）阮韵 301

授　灰韵、歌韵

挹　缉韵 530

捌　黠韵

捋　（撸）曷韵 494

捡　（撿）俭韵

挫　箇韵 437

捣　（搗擣）皓韵 320

换　翰韵 418

挽　（輓）阮韵、愿韵

抄　（挲）歌韵 165

捝　霁韵、曷韵

捐　沃韵 476

捅　（挏）董韵

八画

捧　肿韵 258

捴　俭韵

掛　（挂罣）卦韵 398

挪　（捓）麻韵

措　遇韵 386

描　萧韵 147

捱　（挨挨）佳韵 77 蟹韵

捺　曷韵

掩　（揜）感韵 351 俭韵 352

捷　（捷）叶韵 533

掎　纸韵 261 寘韵 374

撰 屑韵 501 叶韵

揽 (攬攣)感韵 350

提 齐韵 70

揾 吻韵、愿韵

揖 缉韵 529、530

揭 霁韵 393 月韵
　　屑韵 501

揣 纸韵 262 哿韵 325

援 元韵 108 霰韵 427

揄 虞韵 65

揪 (撷)沁韵

揪 (擎)尤韵 228

插 洽韵 537

捏 (捏)屑韵 502

搜 (搽蒐)尤韵 223、228

搀 (攙)咸韵 251

揞 感韵

搅 (攪)巧韵 317

揎 先韵 141

搭 陌韵

搁 药韵

搓 歌韵 165

揃 先韵、铣韵

搂 (摟)尤韵 228

搔 豪韵 157

揆 纸韵 267

揉 尤韵 228 有韵

摒 敬韵

握 觉韵 479

十画

摄 叶韵 534

摸 药韵 508

搏 药韵 507

搢 震韵 409

摅 (攄)鱼韵 54

摞 佳韵、纸韵

摇 萧韵 146 啸韵 431

摆 (擺襬)蟹韵 292

携 (攜擕)齐韵 74

搗 (搗擣)皓韵 320

搬 寒韵、歌韵

摛 支韵 42

搛 盐韵

搤 (扼)陌韵 518

搨 (拓)先韵、霰韵
　　药韵 508 合韵 532

摈 (擯)震韵 409

搋 麻韵、黠韵

搾　（榨）祃韵

搞　皓韵

搪　阳韵 187

搐　屋韵

搠　觉韵

摊　（攤）寒韵 117 翰韵 420

搡　养韵

搉　觉韵 479 陌韵

搌　铣韵

摁　敬韵

十一画

摽　萧韵 149 篠韵 315
　　啸韵 431

摴　鱼韵

撇　（撆）屑韵 500

摺　药韵

摞　歌韵、箇韵

摧　灰韵 79

撄　庚韵 202

摐　江韵 21

摘　（摘）陌韵 516 锡韵 520

摭　陌韵 518

摔　质韵

摎　肴韵 154 尤韵 229

撒　谏韵

十二画

撷　屑韵 501

撚　（捻撚）盐韵、铣韵 311
　　屑韵、叶韵 535

撕　齐韵 73

撒　曷韵

撩　萧韵 143 啸韵

撅　月韵 491

撑　（撐）庚韵 201

撮　曷韵 493

擒　侵韵 234

播　哿韵、箇韵 437

撸　（撈）曷韵 494

撬　萧韵

撺　（攛）翰韵 420

撞　江韵 22 绛韵 363

撖　元韵

撤　屑韵 501

搏　阮韵 302

撰　（譔）潸韵 307
　　铣韵 313 霰韵 428

十三画

撼　感韵 351

操　豪韵 154 号韵 434

擐　删韵 124 谏韵 422

撽　效韵

擅　霰韵 427

擻　有韵 347

擗　陌韵 517 锡韵

擂　（礧）灰韵、队韵 406

十四画以上

擩　支韵、先韵、宥韵 455

擤　（揩）梗韵

擦　黠韵

擢　觉韵 479

擷　先韵

擽　药韵 509

攒　（欑）寒韵 115、118

攘　阳韵 186 养韵 332

攡　支韵

攫　药韵 508

攃　曷韵

攦　纸韵、霁韵

攘　（欀）阳韵、养韵

【艹部】

一至三画

艺　（藝）霁韵 389

艾　泰韵 397

芀　蒸韵 216

艻　职韵

芁　肴韵 154 尤韵 230

节　（節）屑韵 496

芋　虞韵 68 遇韵 386

芏　麌韵

共　冬韵、宋韵 362

芉　先韵 139

芄　庚韵

芍　药韵 509

芃　寒韵 118

芨　缉韵

芒　阳韵 180

芝　支韵 28

芑　纸韵 269

芎　东韵 12

芗　（薌,通"香"）阳韵 187

四画

芙　虞韵 67

苛　歌韵 164

若　马韵 328 药韵 505、570

苤　屑韵

茏　（蘢）东韵
　　冬韵 17 董韵

苣　纸韵

茂　宥韵 452

苦　盐韵 248 艳韵 460

苜　屋韵 471

苴　鱼韵 54 虞韵、麻韵 172
　　语韵 278 马韵

苗　萧韵 147

茀　（丹）俭韵 353

英　庚韵 188

苘　（蕧檾）梗韵、迥韵

苲　祃韵

苓　青韵 208

茶　屑韵 501 叶韵 535

茌　支韵

茑　篠韵、啸韵

苑　阮韵 301 愿韵

苟　有韵 346、563

苞　肴韵 151

范　（範）豏韵 354、355

苧　（薴）庚韵 274 语韵

茎　（垈）庚韵 202

苾　质韵 483

荧　（荧荥）庚韵 202

苗　质韵 485 黠韵 495
　　屑韵 500

茎　（莖）庚韵 194

苔　（臺薹）灰韵 81、84

茅　肴韵 151

茀　物韵 487 月韵

茄　歌韵、麻韵

苕　萧韵 143

苠　真韵

六画

萱　寒韵

荚　（荚梜）叶韵 534、535
　　洽韵 537

荆　庚韵 189

茖　皓韵

茸　冬韵 16 肿韵 257

茜　（蒨）霰韵 426、427

茬　支韵、麻韵

巷　绛韵 363

荐　（薦）霰韵 425

茹　鱼韵 54 语韵 275
　　御韵 380
荔　真韵 373 霁韵 393
药　宥韵
兹　（兹）支韵 34、43、539
药　（藥）觉韵 479
　　药韵 502、509

七画

莱　（萊）灰韵 82 队韵
莙　月韵
莰　支韵 34
苴　贿韵 295
莆　虞韵、麌韵 288
莽　麌韵 289 养韵 332
恭　（共）冬韵 17、18
莲　（蓮）先韵 131
莳　支韵、真韵 375
莫　药韵 507、571 陌韵 518
莠　（蓊）东韵 11
莴　（萵）歌韵
荸　（义同"殍"）虞韵 66
荽　支韵 40
莶　（薟）盐韵、艳韵
荼　鱼韵、虞韵 62

莉　荠韵、真韵 373
莠　有韵 346
芫　（芫）曷韵
莪　歌韵 165
莓　灰韵 83
莅　（蒞涖）
　　真韵 373 霁韵 394
荷　歌韵 162 哿韵 323
莜　萧韵、啸韵
获　（獲穫）遇韵 387
　　药韵 507 陌韵 515
犹　（猶）尤韵 228
莎　歌韵 164 麻韵
荻　锡韵 520
莞　寒韵 118 潸韵 308
莘　真韵 94
莹　（瑩）庚韵 191 径韵 450
莺　（鶯鸎）庚韵 194
莨　阳韵 187 漾韵
莊　（庄）阳韵 179
莼　真韵 92
莙　真韵

八画

萧　（肖蕭）萧韵 142

萤　（螢）青韵 209

萨　（薩）曷韵 493

菉　沃韵

菡　感韵 351

菰　（苽）虞韵 62

菇　（菰）虞韵 62

菑　（葘）支韵 39
　　灰韵、真韵

九画

葑　冬韵 18 宋韵 362

葚　寝韵

葙　阳韵

葫　虞韵 68

葳　微韵 48

葪　月韵

惹　马韵 328 药韵

葳　铣韵 312

葬　漾韵 443

韮　（韭）有韵 345

募　遇韵 385

葺　缉韵 530

葛　曷韵 493

蕡　真韵 372 卦韵 401

蕙　纸韵

葶　药韵 506

菁　月韵

蒐　（搜捘）尤韵 223、228

萩　尤韵

董　董韵 255

葆　皓韵 321

葩　麻韵 170

葎　质韵

蒝　元韵

葡　虞韵

葱　（蔥）东韵 10

葹　支韵 39

渶　（荭）东韵 12

蒎　卦韵

落　药韵 503

萱　（蘐）元韵 103

葵　月韵

蒂　霁韵 392

蒋　阳韵 187 养韵 332

葶　青韵 209 迥韵

蒌　虞韵 66 尤韵 229
　　麌韵 289

蒏　先韵

葵　支韵 31

葭　麻韵 171
萘　尤韵
蒌　东韵 11

十画

蓁　真韵 95
蒱　虞韵 66
盖　（盍盖）泰韵 395、565
　　合韵 532
蒜　翰韵 419
蓍　支韵 36
蓐　沃韵 476
蓝　（藍）覃韵 242
墓　遇韵 384
幕　药韵 505
蟇　陌韵 518
蒤　（茶）萧韵、啸韵
蒢　尤韵、啸韵
蓊　董韵 256
蓓　贿韵 295
蒨　（茜）霰韵 426、427
蒝　哿韵 325
蓬　东韵 10
蒽　元韵
蒯　卦韵 401

蓟　（薊）霁韵 392
蒦　陌韵
蔀　有韵 346
蒗　漾韵
蒲　虞韵 61 药韵
蓉　冬韵 15
蓂　青韵 208 锡韵
蒡　阳韵、养韵
蒟　麌韵 283 遇韵 388
蓑　（簑）灰韵、歌韵 164
蒿　豪韵 156
蓠　支韵 39
蒺　质韵 486
蓄　屋韵 468
蒹　盐韵 248
蒴　觉韵
蒙　东韵 8、11 董韵
蓣　御韵 381
蒻　药韵 509
蒸　蒸韵 210

十一画

蕈　真韵 373
蔷　阳韵 187 职韵
蔫　先韵 141

薯　（藷）鱼韵 55 御韵

蔓　队韵 406

薢　佳韵、蟹韵

薛　屑韵 501

薇　微韵 43

薄　药韵 502

薮　（藪）有韵 345

薪　真韵 85

薏　真韵、职韵 527

雍　冬韵、宋韵

薜　霁韵 394

薅　豪韵 159

蓣　御韵 381

十四画

藁　虞韵

藉　祃韵 440 陌韵 517

藏　阳韵 177 漾韵 444

薮　篠韵 316

薰　文韵 100

藓　铣韵 310

藻　萧韵 149

薺　支韵 40 荠韵 289

十五画

藕　有韵 345

爇　（蓺）屑韵 501

藜　（藜）齐韵 69、74

藤　（籐）蒸韵 216

藩　元韵 104

十六画

藿　药韵 507

蘧　鱼韵 55

孽　（孽蠥）屑韵 500、501

蘅　庚韵 201

藻　皓韵 318

蘑　歌韵

十七画以上

蘩　元韵 108

蘖　（蘗）屑韵 501

藓　铣韵 310

蘘　阳韵

蘼　支韵 42

蘸　陷韵 461

【廾部】

开　（開）灰韵 80

卉　尾韵 272 未韵 377

弁　寒韵 118 霰韵 426

异　（異）真韵 367、374

弄　（衖）送韵 359
弃　（棄）寘韵 368
昇　霰韵 428
弇　覃韵 241
舁　鱼韵
弈　陌韵 517
羿　霁韵
葬　漾韵 443
弊　霁韵 390
彝　（彝彞）支韵 35

【寸部】

寸　愿韵 413
对　（對）队韵 404
寺　寘韵 367
导　（導）号韵 434
寻　（尋）侵韵 230
寿　（壽）有韵 347 宥韵 451
时　（時旹）支韵 28
肘　有韵 345
封　冬韵 15 宋韵 362
耐　蒸韵、队韵 405
酎　宥韵 454
辱　沃韵 474
射　祃韵 440 陌韵 516
尉　（尉）未韵 376 物韵 488
尊　元韵 105
爵　药韵 504

【大部】

大　泰韵 395 箇韵 436

一至四画

夫　虞韵 60、545
天　先韵 128
夭　萧韵 148 篠韵 316
　　皓韵 322
太　泰韵 397、566
夬　卦韵 401
央　阳韵 178
失　质韵 483
头　（頭）尤韵 226
夯　（硦）阳韵、养韵
夸　（誇）麻韵 170、172
夺　（奪）曷韵 492
尖　盐韵 246
夹　（夾袷裌）洽韵 537
夷　支韵 27
奚　齐韵

就　宥韵 451
尴　(尷尲)咸韵

【弋部】

弋　职韵 526
式　职韵 524
忒　职韵 526
甙　(甙)霁韵 243
武　麌韵 286
鸢　先韵 137
贰　(二弎)真韵 370
弑　真韵

【ᴵᴵᴵ(小)部】

小　篠韵 313

一至三画

少　篠韵 314 啸韵 430
东　(東)东韵 1
乐　(樂)效韵 433
　　觉韵 477 药韵 503
尔　(爾)纸韵 262、556
尘　(塵)真韵 89
尖　盐韵 246
光　阳韵 174

劣　屑韵 499
当　(當)阳韵 186、551
　　漾韵 444
孙　(孫)元韵 105

四至七画

肖　(萧萧)萧韵 142 啸韵
尚　漾韵 443
省　梗韵 336 迥韵
尝　(嘗嚐)阳韵 180
党　(黨)养韵 331

八画以上

常　阳韵 177
雀　药韵 504
堂　阳韵 175
辉　(輝)微韵 44
掌　庚韵
景　梗韵 334
棠　阳韵 182
赏　养韵 333
掌　养韵 331
匙　(勘)铣韵
裳　阳韵 186
弊　霁韵 390
斃　(毙)霁韵 390

耀　啸韵 430

【口部】

口　有韵 341

一至二画

中　东韵 2 送韵 360
叶　（葉）叶韵 532、535
古　麌韵 282
右　有韵 344 宥韵 453
占　（佔）盐韵 245、248
　　艳韵 459
号　（號）
　　豪韵 156 号韵 433
叮　青韵
可　哿韵 324、560
叵　哿韵 325、561
只　（隻秖衹）
　　支韵 36、40、555
　　纸韵 260 陌韵 517
叭　麻韵、黠韵
史　纸韵 267
兄　庚韵 191
叽　（咭嘰）微韵 48
句　虞韵 67 尤韵 229

遇韵 384 宥韵 454
台　（颱臺檯）支韵 40
　　灰韵 80、83
叹　（嘆歎）
　　寒韵 117 翰韵 416
叨　萧韵
司　支韵 31 真韵 375
叫　（呌）啸韵 430
叩　宥韵
叨　豪韵 159
另　径韵
召　啸韵 429

三画

吁　（籲）虞韵 65 遇韵 387
吓　（嚇）陌韵 518
吐　麌韵 282 遇韵 387
吋　有韵
吉　质韵 482
吏　真韵 365
吕　语韵 273
同　东韵 1
吊　（弔）啸韵 430 锡韵 521
合　合韵 530、531
吃　（喫）卦韵、物韵 487

锡韵 521

向 （嚮曏）养韵 334
漾韵 443、445

舌 屑韵 498

吒 （咤）麻韵 172 祃韵 441

后 （後）有韵 342 宥韵 455

各 药韵 509、571

名 庚韵 200

吸 缉韵 530

吆 （吆）萧韵

吗 麻韵、马韵

四画

吨 （噸）元韵、阮韵、愿韵

呈 庚韵 198

吴 虞韵 64

吞 元韵 108

吭 （嘸）虞韵、麌韵

呓 （囈讛）霁韵 394

杏 梗韵 337

呆 （獃）灰韵 84

吾 虞韵 63 麻韵 173

吱 支韵、寘韵

呔 （呔）泰韵 398 曷韵 494

吷 队韵 405

呕 （嘔）虞韵 68
尤韵 229 有韵

呗 （唄）卦韵 402

呔 庚韵 203

否 纸韵 263 有韵 344、562

呃 （呝）陌韵

呀 麻韵 171

吵 巧韵

员 （員）文韵 100
先韵 138 问韵 411

呐 （讷）屑韵 502 月韵 490

呙 歌韵

吟 （唫）侵韵 234
寝韵 349 沁韵 456

含 覃韵 239

谷 （穀）屋韵 465

吩 文韵

呛 阳韵、漾韵

吽 东韵、有韵

告 号韵 434 沃韵 476

听 （聽）青韵 208
吻韵 299 径韵 449

吹 支韵 24 真韵 370

吻 （脗）吻韵 298

吡　（訑）歌韵 164

呜　（嗚）虞韵

吝　（恡悋）震韵 408

吭　（頑）阳韵 185
　　养韵 334 漾韵 445

启　（啟啓）荠韵 290

呲　纸韵、质韵

吮　轸韵 298 铣韵 311

君　文韵 99

吴　虞韵 64

吧　（古用"哵"）麻韵、歌韵

邑　缉韵 528

吲　轸韵

吼　有韵 345 宥韵 455

吷　屑韵 502

呖　锡韵

五画

味　未韵 375

哎　泰韵

咕　虞韵

呵　歌韵 165

咂　合韵

呸　支韵

咙　（嚨）东韵 12

咀　鱼韵 55 语韵 278

呻　真韵 94

呷　洽韵 537

咒　（呪）宥韵 454

咼　佳韵

命　敬韵 446

呼　（虖嘑謼）
　　虞韵 63 遇韵 387

咋　陌韵 518

知　支韵 25

和　歌韵 161 箇韵 436

咐　虞韵、遇韵

呱　虞韵 66

呤　敬韵

咚　冬韵

咎　（古"臯"字）
　　豪韵 160 有韵 345

鸣　庚韵 190

周　（週）尤韵 221

咆　肴韵 153

咛　（嚀）青韵

咏　（詠）敬韵 447

呢　支韵

咖　麻韵

咄　月韵 490 曷韵 494

咈　物韵 488

巫　职韵 526

呶　肴韵 152

咍　灰韵 84

呦　尤韵 229

姆　虞韵、遇韵

呲　支韵

六画

咭　（叽嘰）

　　微韵 48 质韵、黠韵

哐　阳韵

哇　佳韵 77 麻韵 172

哑　（啞瘂）麻韵 171

　　马韵 328 祃韵

　　陌韵 518

哉　灰韵 83、546

哄　（鬨）送韵 360 绛韵 363

哐　江韵

哂　轸韵 297

咧　屑韵

咸　（鹹）咸韵 248、249

禼　（卨离）屑韵

咥　质韵 485 屑韵 502

咦　支韵

哓　（嘵）萧韵 148

哒　（噠）曷韵

咴　灰韵

哔　质韵

虽　（雖）支韵 41、542

品　寝韵 348

咽　（嚥）先韵 139

　　霰韵 427 屑韵 499

咣　阳韵

哕　泰韵 398 月韵

呱　卦韵

哙　（噲）卦韵 401

哈　合韵、洽韵

咷　（嗁）豪韵 159 啸韵

咮　虞韵 68 遇韵 388

　　宥韵 454

咻　尤韵 228 麌韵 283

哗　麻韵

咟　（嗒僭）感韵

咿　支韵 38

响　（響）养韵 331

咯　药韵、陌韵

哆　麻韵 172 纸韵 270

啦 合韵
啪 麻韵、祃韵
啈 庚韵
啉 侵韵
唵 感韵
啜 屑韵 501
啍 元韵
啖 (啗噉)
感韵 350 勘韵 457
啫 马韵
唶 祃韵、陌韵 518
营 庚韵 197
啄 屋韵 469
啑 叶韵、洽韵 537
啭 (囀)霰韵 426
啡 灰韵、贿韵
啮 (齧)巧韵、屑韵 499
啨 迥韵
唬 (吓、赫)肴韵、陌韵
唱 漾韵 442
啯 陌韵
啰 (囉)歌韵 166
啥 祃韵
唸 (念)艳韵 460
唾 箇韵 437
唯 支韵、纸韵 264
售 尤韵 228 宥韵 451
啤 支韵
啁 肴韵 153 尤韵 228
唿 月韵
唦 歌韵
商 阳韵 184
啇 锡韵
唧 阳韵
啐 队韵、曷韵
啃 (哟)屋韵
啶 径韵
啟 荠韵 290
唳 霁韵 393 屑韵
兽 (獸)宥韵 452
啴 寒韵 118
啸 (嘯)啸韵 429
唰 黠韵
啬 (嗇)职韵 526

九画

喱 齐韵
喍 (呗)卦韵 402
喂 (餵餧)微韵

喷　元韵 110 愿韵 415

喜　纸韵 265

喋　叶韵 534 洽韵 537

嗒　合韵 532

喃　(諵)
　　覃韵 243 咸韵 250

嗻　麻韵

喇　曷韵

喊　感韵 351 豏韵 355

喈　佳韵 77

喁　冬韵 18 虞韵 67

喝　(欱)
　　卦韵 401 曷韵 493
　　合韵 532 洽韵 538

啎　卦韵 402

嗢　月韵 491

單　寒韵 111 先韵 141
　　铣韵 311 霰韵

嵒　(岩巉巖)
　　咸韵 249 叶韵

喘　铣韵 310

喻　(谕)虞韵 68 遇韵 386

啣　(衔)咸韵 249

啾　尤韵 228

喤　阳韵 187 庚韵 201

喉　尤韵 225

唤　翰韵 418

喧　(諠)元韵 103

喀　陌韵

啼　(嗁)齐韵 70

㖞　真韵 373 、564

暗　(瘖)侵韵 237
　　覃韵、沁韵 456

喤　微韵

喨　漾韵

嘡　翰韵、霰韵

善　铣韵 308 霰韵 428

喷　(噴)卦韵

嗟　麻韵 171

喽　(嘍)尤韵

啗　叶韵、洽韵

喳　麻韵

嵫　支韵

喔　觉韵 479

喙　霁韵、队韵 404

煦　虞韵、麌韵

　　　　　　十画

嗪　真韵

嗷 （嶅）豪韵 159

嘟 虞韵

嗬 药韵

嘟 虞韵

嗦 （縢）遇韵 387

嗉 歌韵

嗫 叶韵

嗝 陌韵

嗡 东韵、董韵

嗲 马韵

嗜 （耆）真韵 373

嗑 合韵 532

嗔 （瞋）真韵 89

嗅 （臭齅）宥韵 453

嘎 卦韵、祃韵

嗣 真韵 370

嗳 泰韵

嘅 队韵

嗥 （嘷）豪韵 159

嗒 泰韵、曷韵

嗙 庚韵

嗨 贿韵

嗌 卦韵、陌韵 517

嗛 咸韵、俭韵、叶韵

嗍 觉韵

嗓 养韵

嗤 支韵 38

嗉 （孿）真韵 369

十一画

嘓 麻韵 166

嘉 麻韵 169

嘈 豪韵 157

嘡 阳韵

嘛 麻韵、马韵

嘚 职韵

嘗 （尝甞）阳韵 180

嗽 （瘶欶）

　　宥韵 454 觉韵 477

嘌 萧韵

喊 合韵

嘎 黠韵 495

嘣 庚韵

踞 马韵 328

嘤 庚韵 202

嘘 （呼謼嘑）

　　虞韵 63 遇韵 387

嘘 鱼韵 53 御韵 381

嘘 麻韵、祃韵

嚎　豪韵
嚓　麻韵
嚜　职昀
嚰　感韵
囂　真韵94
囂　萧韵145 豪韵159
嚯　药韵
嚼　药韵507
嚷　养韵、漾韵
囉　铣韵
嚷　阳韵
嚲　哿韵323

【口部】

二至三画

囚　尤韵224
四　真韵370
因　真韵84
团　(團糰)寒韵115
回　(囬迴廻)
　　灰韵78 队韵406
囟　(顖)震韵
团　铣韵
囡　覃韵

四画

卤　(鹵滷)麌韵284
园　(園)元韵102
围　(圍)微韵44
困　(睏)愿韵413
囤　元韵、阮韵
囵　东韵
囵　(圙)真韵
囝　月韵
卣　尤韵229 有韵346

五至七画

国　(国國)职韵522
固　遇韵383
囹　青韵208
囷　真韵91 轸韵298
图　(圖)虞韵63
囿　宥韵453 屋韵471
圃　麌韵283 遇韵387
圂　(溷)元韵110 愿韵414
圄　语韵273
圆　先韵138 问韵

八画以上

啬　(嗇)职韵526

帽　号韵 433
幄　觉韵 479

十画以上

幕　翰韵、药韵 505
幌　养韵 332
幔　翰韵 418
幞　(袱襆縏)沃韵 476
幠　虞韵 67
幡　(旛)元韵 103、108
幢　江韵 22 绛韵 363
幨　盐韵 247 艳韵 459
幪　东韵 11 董韵 256
　　送韵 360

【山部】

山　删韵 122

三至四画

出　真韵 374 质韵 481
屼　月韵 491
屿　(峿)语韵 277
屹　物韵 488
岁　(歲)霁韵 389
岌　缉韵 530
岂　(豈)尾韵 272、558

屺　纸韵 269
岍　先韵 141
岐　支韵 34
岅　(壢)锡韵
岖　虞韵 66
岈　麻韵 172
岗　(冈)阳韵 181
岙　号韵
岔　麻韵、祃韵
岘　铣韵 311
岑　侵韵 236
岛　皓韵 320
岚　覃韵 240

五画

岵　麌韵 289
岢　哿韵
岸　翰韵 415
岽　冬韵
岩　(嵒巖巖)
　　咸韵 249 叶韵
岿　(巋)微韵、纸韵 271
　　真韵 374
岬　洽韵
岫　肴韵 453

崌　鱼韵

崛　物韵 487

九画

嵖　麻韵

嵘　庚韵 201

嵃　(嶧)霁韵

嵌　咸韵 250 感韵 351

崾　霰韵 243

崴　灰韵、蟹韵

嵬　贿韵

嵎　虞韵 65

崺　质韵

嵚　侵韵 237

嵬　灰韵 80 贿韵 295

嵯　支韵 43 歌韵 166

嵝　(嶁)麌韵 283 有韵 347

嵫　支韵 42

嵋　支韵 40 俭韵

十画以上

嗷　豪韵

嵥　陌韵

嵲　屑韵 500

嵊　径韵

嵩　(崧)东韵 4、11

嶆　豪韵

嶂　漾韵 444

嶓　歌韵 165

嶙　真韵 95 轸韵 298

嶒　蒸韵 215

嶝　径韵 450

嶤　豪韵 160

巇　(巘)阮韵 302 铣韵 311

豳　真韵 94

嶭　蟹韵、卦韵

嶷　支韵 37 职韵 526

巅　先韵 132

巍　微韵 47

【彳部】

彳　陌韵

三至五画

行　阳韵 182 庚韵 193
　　漾韵 445 敬韵 447

彻　(徹)屑韵 499

役　陌韵 513

彷　(徬)阳韵 187
　　养韵、漾韵 445

征　(徵)庚韵 199 蒸韵 213

徂　虞韵 67
往　养韵 333 漾韵
径　（徑）径韵 449
彼　纸韵 260、555
彿　（佛髴）未韵 378
　　物韵 486、487

六至七画

待　贿韵 295
徊　灰韵 78
徇　震韵 409
衍　铣韵 309 霰韵 428
徉　阳韵 183
律　质韵 483
很　阮韵 302
徒　虞韵 62
徐　鱼韵 53

八画

徕　灰韵 83 队韵 406
徛　支韵 43 纸韵、寘韵
俳　灰韵
徜　阳韵
徙　纸韵 261
得　职韵 524
衔　（唧）咸韵 249

九至十画

街　佳韵 75
御　（禦）语韵 273 御韵 378
復　（复複）
　　宥韵 453、568 屋韵 467
徨　阳韵 185
循　真韵 93
衙　鱼韵 55 麻韵 170
　　语韵 278
微　微韵 43
徭　（傜繇）萧韵 146
徯　（蹊）齐韵 71 荠韵 291

十一画以上

德　（悳）真韵 375 职韵 522
徼　萧韵 148 啸韵 430
衡　庚韵 193
徽　微韵 44
衢　虞韵 57

【彡部】

形　青韵 204
杉　咸韵 250
彤　（肜）东韵 11 冬韵 19
须　（鬚）虞韵 57、573

珍　铣韵 312

彦　霰韵 425

彧　屋韵 471

彬　真韵 93

彪　尤韵 227

彩　(綵)贿韵 293

彫　(雕鵰琱)萧韵 142

彭　阳韵 187 庚韵 188

彰　(章)阳韵 184

影　梗韵 334

【犭(犬)部】

犬　铣韵 309

状　(狀)漾韵 442

戾　霁韵 390

哭　屋韵 468

臭　宥韵 453

献　(獻)歌韵 165 愿韵 413

猷　尤韵 219

獒　豪韵 159

狱　(獄)沃韵 474

器　真韵 366

二至四画

犰　尤韵

犯　赚韵 354

犴　(豻)寒韵 118

　　删韵 122 翰韵 419

犷　(獷)养韵 334 梗韵 337

狂　阳韵 181

犹　(猶)尤韵 227

　　宥韵 455、554

狈　(狽)泰韵 398

狄　锡韵 520

狃　有韵 346 宥韵 455

犿　轸韵 298

五至六画

狚　支韵

狙　鱼韵 52 御韵 380

狎　洽韵 537

狐　虞韵 62

狝　(獮)铣韵 312

狗　有韵 343

狍　(麅)肴韵

狓　支韵

狞　(獰)庚韵 202

狖　宥韵 454

狒　未韵

狭　(狹陿)洽韵 536

狖　东韵 11

狮　(獅)支韵 38

猧　霁韵

独　(獨)屋韵 468、568

狯　(獪)泰韵 397 卦韵 402

狰　庚韵

狩　宥韵 452

狡　巧韵 317

狱　沃韵 474

狼　真韵、删韵、阮韵

狲　(猻)元韵

七画

获　(獲穫)
　　遇韵 387 陌韵 515

猕　(獼)霁韵 393

狴　齐韵、荠韵

狸　(貍)支韵 33

狷　(獧)铣韵 312 霰韵 427

猃　(獫玁)
　　俭韵 353 艳韵 460

狳　鱼韵 55

猁　真韵

猜　真韵 94 文韵 101

狼　阳韵 178

狻　寒韵 118

八画

猎　(獵)药韵 509 叶韵 533

猜　灰韵 83

猪　(豬)鱼韵 53

猎　药韵 509 叶韵 533

猫　(貓)萧韵 147 肴韵

猗　(歆)支韵 35、40

猇　(虓)肴韵

猡　(玀)歌韵

猖　阳韵 184

猞　祃韵

猊　齐韵 72

猝　(卒)月韵 489、490

猕　(獼)支韵

猛　梗韵 337

九画

猹　麻韵

猢　虞韵

猰　(猰)黠韵

猩　庚韵 201 青韵

猲　月韵 491 曷韵 494

猥　贿韵 295

猾　黠韵 494

猴　尤韵 225

猸　支韵

猱　豪韵 155

猬　(蝟)未韵

猺　(猺)虞韵 283

十画以上

猿　(猨)元韵 102

猺　萧韵 149

獐　(麞)阳韵 184

獍　敬韵 448

獠　萧韵 149

獗　月韵

獭　曷韵 493 黠韵 495

獴　东韵、董韵

獬　蟹韵 292

獯　文韵 101

獾　(貛)寒韵 118

攫　药韵 508、509

【夕部】

夕　陌韵 514

外　泰韵 395

夗　铣韵 311

名　庚韵 200

夙　屋韵 471

多　歌韵 160

夜　(亱)祃韵 438

怨　元韵 110 愿韵 412

舒　元韵 109 寒韵 118

盌　(碗椀)旱韵 305

鸳　元韵 108

梦　(夢)东韵 11 送韵 357

够　(彀)宥韵 454

飧　(飱)元韵 109

夤　真韵 94

夥　(伙)蟹韵 292 哿韵 325

舞　虞韵 280

【夂部】

处　(処處処)

　　语韵 275 御韵 378

冬　(鼕)冬韵 12、19

务　(務)遇韵 384

各　药韵 509、571

条　(條)萧韵 142

咎　(古"皋")

　　豪韵 160 有韵 345

备　(備俻)真韵 367

馉 宥韵 455

餧 贿韵 294

馀 鱼韵 51

饿 箇韵 436

馂 震韵 409

䬷 哿韵

馄 元韵

馅 陷韵

馆 旱韵 304 翰韵 420

九至十一画

馇 麻韵

餬（糊）虞韵 66

餲 卦韵 402 曷韵 494

餫 月韵

馈 眞韵 372

馊 尤韵

馋（饞）咸韵 250

餺 药韵

馌 叶韵 535

饃 歌韵

馏（餾）尤韵、宥韵 455

饈（羞）尤韵

餻（糕）豪韵 157

馑 震韵 409

馒 寒韵 118

十二画以上

饐 眞韵

饊 旱韵 306

饌（籑）铣韵、霰韵

饟 阳韵、养韵、漾韵

【广部】

广（廣）养韵 332

俭韵 353 漾韵 445

二至五画

庀 纸韵 270

庎（廊）阳韵、养韵

庄（莊）阳韵 179

庆（慶）阳韵 182 敬韵 447

庑（廡）麌韵 285

床（牀）阳韵 178

庋 纸韵

库（庫）遇韵 385

庇 眞韵 372

应（應）蒸韵 212、552

径韵 449

庐（廬）鱼韵 53

序 语韵 277

廮　（鏖）豪韵 159

【忄部】

一至四画

忆　（憶）职韵 525

忉　豪韵 159

忖　阮韵

忏　（懺）先韵、陷韵 461

忙　阳韵 185

忼　翰韵

怃　（憮）虞韵 68 麌韵 288

忮　真韵 375

忧　（憂）尤韵 217

怀　（懷）佳韵 76

怄　（慪）宥韵

忡　东韵 11

忪　冬韵 18

怆　（愴）阳韵、漾韵

忤　遇韵 386

忾　（愾）未韵 378 队韵 405

怅　漾韵 444

忻　（欣䜣）文韵 100

忺　盐韵 248

忭　霰韵 426

忱　侵韵 237

快　卦韵 400

忸　有韵 346

五画

怦　庚韵 202

怔　庚韵

怯　洽韵 537

怙　麌韵 283

怵　质韵 485

怖　遇韵 387

怗　叶韵 535

怛　曷韵 493

怏　养韵 329 漾韵 445

怜　（憐）先韵 131

性　敬韵 446

怍　药韵 508

怕　祃韵 441 陌韵

怿　（懌）陌韵 517

怊　（惆）宥韵

怪　卦韵 400

怩　支韵 40

怫　未韵、队韵、物韵 488

怡　支韵 37

怊　萧韵 150

六画

恊　（勰）送韵 360

㤥　齐韵

恃　纸韵 265

恇　阳韵 187

恭　（龔）冬韵 17、18 肿韵

恒　（恆）蒸韵 216

恢　灰韵 78

恔　（懕憸）盐韵 247

恍　（怳）养韵 334

恫　东韵 11 送韵 360

恛　灰韵

恺　（愷）贿韵 294

恻　职韵 526

恰　洽韵 537、572

恬　盐韵 247

恌　萧韵 148

恤　（卹）质韵 483

恪　药韵 507

恉　（旨）纸韵 262

恂　真韵 94

恟　冬韵 19 肿韵 259

恼　（惱）皓韵 320

恽　（惲）吻韵 299

恨　愿韵 412

七画

悖　队韵 405 月韵 490

悟　遇韵 385

悚　肿韵 259

悄　篠韵 316

悍　（猂）旱韵 306 翰韵 418

悝　灰韵 83 纸韵 271

悃　阮韵 302

悒　缉韵 530

悭　（慳）删韵 124

悮　（误）遇韵 385

悕　微韵

悔　贿韵 293 队韵 406

悯　（憫）轸韵 297

悢　养韵、漾韵 445

悌　荠韵 291

悦　屑韵 499

悛　先韵 140

悇　御韵 381

悽　（凄凄）齐韵 69、70、74

八画

惬　（愜厌）叶韵 534

情　庚韵 195

悴　梗韵
惜　陌韵 516
惭　(慙慚)覃韵 242
悱　尾韵 272
悼　号韵 435
惘　养韵 330
惧　(懼)遇韵 386 药韵 509
惝　养韵
惕　锡韵 521
惆　尤韵 229
悷　真韵 372
惟　支韵 40、541
惚　月韵 491
悄　元韵 109
惇　真韵、元韵
惊　(驚)庚韵 189
悴　(顇)真韵 371
惦　艳韵
惮　(憚)翰韵 418
　　箇韵、曷韵
惊　冬韵 17
悾　东韵 12
惋　翰韵 419
倦　先韵、霰韵

惨　(慘)感韵 350
惯　谏韵 421

九画

恬　铣韵 312
愤　吻韵 299
慌　阳韵、养韵 334
惰　哿韵 324 箇韵 438
愠　问韵 411
惺　青韵 207
愒　霁韵 393 泰韵 398
　　曷韵
愦　队韵 405
愕　遇韵、药韵 508
愣　敬韵
惴　真韵 373
愒　东韵
愉　虞韵 58 尤韵
愎　职韵 527
愀　篠韵 316
惶　阳韵 185
愧　(媿)真韵 372
惼　铣韵 311
愔　侵韵 237
慨　(嘅)队韵 405

麻韵 172 遇韵 386

江　江韵 19

汏　（汰）泰韵 398 曷韵 494

汕　删韵、谏韵 422

汛　震韵 409

汐　陌韵 518

汔　物韵 488

汍　寒韵 118

汲　缉韵 529

汤　（湯）阳韵 184、186

　　漾韵 445

汉　祃韵

氿　纸韵 267

池　支韵 26

汝　（女）语韵 274

四画

沅　（潕漅）麌韵

沄　（澐）文韵 101 元韵 110

沣　（灃）东韵

汪　阳韵 185

沛　泰韵 397

沤　（漚）尤韵 225 宥韵 454

汧　先韵 140 霰韵 428

沅　元韵 108

沐　屋韵 469

沔　铣韵 312

沥　（瀝）锡韵 521

沘　支韵、纸韵

沏　屑韵

沌　阮韵 303

沚　纸韵 267

沙　（砂）麻韵 168 祃韵

汩　质韵 485 月韵 490

汨　质韵 485 月韵 490

　　锡韵 521

汭　霁韵 393

汹　（洶）冬韵 19 肿韵 259

汾　文韵 100

沦　（淪）真韵 93

沧　（滄）阳韵 185 漾韵

泛　（汎）东韵 12 陷韵 461

沃　沃韵 472

汽　未韵、质韵、物韵

沂　微韵 47 真韵

汴　霰韵 426

飒　（颯）东韵 12 陷韵

没　月韵 489

沟　（溝）尤韵 227

泮	翰韵 419	洪	东韵 9
泌	真韵 372 质韵 485	洹	元韵 109 寒韵 118
泳	敬韵 448	沴	支韵 40
泻	(瀉)马韵 328 祃韵 441	洒	(灑)蟹韵 292 马韵 329
泼	(潑)曷韵 493	洧	纸韵 266
泾	(涇)青韵 204	洸	阳韵 186 养韵
冶	支韵 37 真韵 365	浈	庚韵
泯	真韵 94 轸韵 297	浊	(濁)觉韵 479
泽	药韵 509 陌韵 511	洄	灰韵 83
沸	未韵 376	浉	支韵
泓	庚韵 194	洞	董韵 256 送韵 358
泥	(坭)齐韵 73 荠韵 291 霁韵 393	洇	(湮)真韵 94 先韵
沼	篠韵 315	测	职韵 526
波	歌韵 161	洽	洽韵 535
	六画	洮	萧韵、豪韵 159
㳠	(㳠)曷韵 494	洙	虞韵 67
洌	屑韵 500	洗	荠韵 290 铣韵 312
浃	(浹)叶韵 534 洽韵	浍	泰韵 397
洭	阳韵 187	活	曷韵 492
洼	(窪)麻韵 172	洑	屋韵 470
洁	(絜潔)屑韵 498	洎	真韵 372、574
浇	(澆)萧韵 143	洫	职韵 526
洱	纸韵、真韵	派	卦韵 399
		洛	庚韵 202

涖　（莅涖）
　　寘韵 373 霁韵 394
浜　庚韵
涎　先韵、霰韵
涤　（滌）锡韵 520
涣　翰韵 419
浼　贿韵 295
浣　（澣）旱韵 306
流　尤韵 217
润　震韵 407
涧　谏韵 420
涕　荠韵 291 霁韵 390
浪　阳韵 185 漾韵 442
涨　养韵、漾韵 443
涌　（湧）肿韵 258、259
浚　（濬）震韵 409
浼　纸韵 269
涩　（澀澁濇）
　　职韵 527 缉韵 529
浸　侵韵、寝韵、沁韵 456

八画

清　庚韵 195
渍　真韵 372
凌　（凌）蒸韵 211

渚　语韵 274
鸿　东韵 9
渎　屋韵 467
淇　支韵 39
淋　侵韵 238
淞　冬韵 18
淅　锡韵 521
涯　支韵 36 佳韵 76
　　麻韵 170
涿　觉韵 478
凄　（凄悽）齐韵 69、70、74
渠　鱼韵 51 御韵
渐　盐韵 247 俭韵 353
添　盐韵 246
淌　养韵、漾韵
淑　屋韵 468
淖　效韵 432
淏　皓韵
混　（溷）阮韵 303
淠　（俾僻埤）真韵、泰韵
渼　铣韵
涡　（涡）歌韵 165
润　（灛）陌韵
淠　药韵 508

渭 未韵 377

滑 月韵 491 黠韵 496

湍 寒韵 114

湲 元韵 108 删韵 124
先韵 141

滄 （滄餐）寒韵 112

潊 （潊）语韵 278

渝 虞韵 66

溢 元韵 110

湃 卦韵 401

湫 尤韵 223 篠韵 315

湟 阳韵 186

溲 尤韵 228 有韵

湏 霰韵

湻 有韵 206

渡 遇韵 382

游 （遊）尤韵 219

湾 （灣）删韵 119

湉 盐韵 248

溇 （漊）虞韵 68 有韵 347

湔 （濺）先韵 140

滋 支韵 31

溠 麻韵 172 祃韵

溉 未韵 377 队韵 405

滑 元韵、霰韵

渥 觉韵 479

湄 支韵 34

滁 鱼韵 55

湑 鱼韵 55 语韵 276

阔 曷韵 492

十画

滟 （灩灎）谏韵、艳韵 459

溱 真韵 94

溘 合韵 532

滢 （瀅）径韵 450

溼 叶韵 535

满 旱韵 304

漠 药韵 506

漾 养韵 332 漾韵

溥 虞韵、麌韵 289 药韵

滆 陌韵

溧 质韵

滇 （滇）先韵 140

溽 沃韵 476

源 元韵 102

滤 （濾）御韵

溷 （圂）元韵 110 愿韵 414

滉 养韵 333

潟　黠韵
潍　纸韵
滥　（濫）覃韵、感韵
　　豏韵 355 勘韵 457
溦　微韵 48
滔　豪韵 158
溪　（谿嵠磎）齐韵 72、74
潊　文韵
滏　麌韵 289
滃　董韵 256
滗　质韵
溴　宥韵
準　（准凖）
　　轸韵 296 屑韵 502
溜　（熘澑）尤韵、宥韵 453
滫　有韵 346
滓　纸韵 270
溶　冬韵 18 肿韵 259
滨　（濱）真韵 88
滂　阳韵 186
滈　皓韵 322
溹　药韵 508
滚　阮韵
滦　（灤）寒韵 118

漓　（灕）支韵 38、43
溏　阳韵 186
澓　屋韵
溟　青韵 208 迥韵 339
溯　（泝遡）遇韵 387
溢　质韵 483
滩　寒韵 112 翰韵 420
滪　御韵 381
溺　锡韵 520

十一画

潆　迥韵
潇　萧韵 149
溇　感韵、勘韵
漂　萧韵 148 啸韵 431
漕　豪韵 155 号韵 435
漱　（潄嗽）宥韵 454
潢　阳韵 185 养韵
　　漾韵 445
漆　（柒）质韵 483
漘　真韵 94
潨　虞韵
漫　寒韵 117 翰韵
漅　合韵 532
漶　翰韵 419

溯　庚韵
潴　鱼韵 55
潋　俭韵 353 艳韵 459
潦　霁韵
漪　支韵 37
漾　漾韵 441
演　铣韵 311
漳　阳韵 184
滴　锡韵 519
漉　屋韵 470
漩　(淀)先韵 140 霰韵
澉　感韵 351
漏　宥韵 452
潍　支韵 40

十二画

潢　文韵 100
潜　(潛灊)侵韵 238
　　盐韵 246 艳韵 460
澍　遇韵 385
澎　庚韵
潵　屑韵 501
澌　支韵 41 齐韵 73
　　真韵 374
潮　萧韵 144

潜　(潛)删韵 119
　　潜韵 307 谏韵
潭　覃韵
潦　萧韵、豪韵
　　皓韵、号韵
潘　寒韵 117
潨　东韵 11
潏　缉韵
潟　陌韵 518
澳　号韵 435 屋韵
潕　虞韵
潾　真韵 95
潼　东韵 11
澈　屑韵 501
澜　寒韵 113 翰韵 420
澄　(澂)蒸韵 210
潺　删韵 124 先韵 140
潠　(噀)愿韵 414
潕　(沅)麌韵
潲　啸韵

十三画

濛　东韵 8 董韵
澁　(涩澀)
　　职韵 527 缉韵 529

寂　锡韵 520

宿　宥韵 451 屋韵 466

密　质韵 482

九至十画

寒　寒韵 110

富　宥韵 452

寓　(庽)遇韵 387

寐　真韵 371

塞　(揌攂)
　　队韵 402 职韵 524

骞　先韵 139

寞　药韵 508

寘　(置置)真韵 363、364

寝　寝韵 347

十一画以上

宁　(宁)静韵 206

寨　(砦)卦韵 402

赛　队韵 405

搴　(攐)先韵 141 铣韵 312

寡　马韵 327

察　黠韵 495

蜜　质韵 483

寥　萧韵 143

寤　遇韵 385

寮　萧韵 143

褰　先韵 141

寰　删韵 120

寒　阮韵 302 铣韵 311

【辶部】

二至四画

辽　(遼)萧韵 143

边　(邊)先韵 132

迂　虞韵 66

达　(達)霁韵 393 曷韵 492

过　(過)歌韵 163 箇韵 436

迈　(邁)卦韵 401

迁　(遷)先韵 134

迄　物韵 488

迅　震韵 408

地　(迆)支韵 39
　　歌韵、纸韵 265

巡　(巡)真韵 93

进　(進)震韵 407

远　(遠)阮韵 300 愿韵 414

违　(違)微韵 44

运　(運)问韵 410

还　(還)删韵 119 先韵 140

迕　真韵 95

连　（連）先韵 136

迓　祃韵 441

迕　麌韵、遇韵

近　吻韵 299 真韵 375
　　问韵 411

返　阮韵 301

迎　庚韵 192 敬韵 448

这　霰韵

迟　（遲）支韵 27 真韵 372

五画

述　质韵 484

迪　锡韵 521

迥　迥韵 338

迭　屑韵 501

迮　药韵 509 陌韵

迫　（廹）陌韵 517

迩　（邇）纸韵 262

迨　贿韵

迢　萧韵 142

迦　麻韵

六画

迺　（乃廼）贿韵 295、559

迴　（回逥）

迊　灰韵 78 队韵 406

逃　豪韵 158

适　（適）曷韵 494
　　陌韵 515 锡韵 521

选　（選）铣韵 309 霰韵 424

追　支韵 36 灰韵

逅　宥韵 455

逢　江韵 21

迹　（跡蹟）陌韵 511

送　送韵 357

迸　敬韵 448

迷　齐韵 73

逆　陌韵 514

退　队韵 403

逊　（遜）阮韵、愿韵 414

七画

逦　（邐）纸韵 270

逑　尤韵 228

逝　霁韵 391

逗　宥韵 453

逋　虞韵 67

速　屋韵 469

逐　屋韵 466

迳　（径徑）径韵 449

遴　震韵 409
遵　真韵 93
遹　质韵 485

十三画以上

遽　御韵 380
邀　萧韵 147
避　蟹韵、卦韵
邅　先韵 139
避　真韵 369
邈　觉韵 478
邃　真韵 371
邋　合韵

【ヨ(彑ヨ)部】

互　遇韵 386 径韵 450
归　(歸)微韵 47
彐　(芻)虞韵 56
寻　(尋)侵韵 230
当　(當)阳韵 186、551
　　漾韵 444
灵　(靈)青韵 207
录　(録)沃韵 474
帚　有韵 345
彖　翰韵

彗　(篲)真韵 373
　　霁韵 392、393
雪　屑韵 496
彘　霁韵 393
蠡　屋韵 470
彝　支韵 35
蠡　支韵 38 齐韵 69
　　荠韵 291

【尸部】

尸　(屍)支韵 33、37

一至三画

尺　陌韵 514
卢　(盧)虞韵 64
尹　轸韵 296
尻　豪韵 159
尼　支韵 37 质韵 486
尽　(儘儘盡)轸韵 296

四至六画

层　(層)蒸韵 215
屁　真韵
尿　真韵 374 啸韵 431
屃　(屓)真韵
尾　尾韵 271

弧　虞韵 62

弥　(彌瀰)支韵 32、39
　　纸韵 262 荠韵 291

弦　(絃)先韵 130

弢　(韜弢)豪韵 158、159

弨　萧韵 149

弩　麌韵 284

弭　纸韵 262

弯　(彎)删韵 119

巻　(卷)先韵 140
　　铣韵 310 霰韵 425

躬　东韵 4

弱　药韵 504

艴　物韵 488 月韵 491

弸　庚韵 202

弶　漾韵

弹　寒韵 112 翰韵 418

弼　质韵 484

强　(彊)阳韵 181
　　养韵 330 漾韵

粥　屋韵 467

疆　阳韵 183

鬻　屋韵 469

【子(孑)部】

子　纸韵 265

孑　屑韵 501

一至五画

孔　董韵 255

孕　径韵 450

仔　支韵 41 纸韵 271 贿韵

存　元韵 106

字　真韵 365

孙　(孫)元韵 105

孖　支韵、真韵

李　纸韵 268

孛　队韵 406 月韵 491

孝　效韵 432

孚　虞韵 66

孜　(孶)支韵 40

孟　敬韵 448

孢　肴韵

季　真韵 371

孤　虞韵 62

享　养韵 332

学　(學)觉韵 479

孥　虞韵 67

六画以上

孩	灰韵 83
籽	支韵、纸韵
孪	先韵
教	肴韵 153
	效韵 432、549
孰	屋韵 472、568
孵	虞韵
孺	虞韵、遇韵 386
孽	(擘蠥)屑韵 500、501

【女部】

女	语韵 276 御韵 381

二至三画

奶	(嬭)蟹韵 292
奴	虞韵 63
奸	(姦)寒韵 117 删韵 121
如	鱼韵 54 御韵 381、565
妃	(姥)马韵 328
	遇韵 388 祃韵 441
妁	药韵 508
妆	(妝粧)阳韵 177
妄	漾韵 444
妇	(婦)有韵 343

妃	微韵 45
她	歌韵、马韵
好	皓韵 319 号韵 434
妈	麻韵、麌韵

四画

妘	文韵 101
妍	先韵 132
妩	(嫵娬)麌韵 283
妪	(嫗)麌韵、遇韵 386
妓	纸韵 261
妠	黠韵 496 合韵
姒	纸韵 263
妙	(玅)啸韵 429
妗	沁韵
妥	哿韵 324
妊	(姙)侵韵 238 沁韵 456
妖	萧韵 148
姊	纸韵 263
妨	阳韵 182 漾韵 445
妫	(嬀)支韵 37
妒	(妬)遇韵 386
姒	纸韵 267
妤	鱼韵 55
妞	尤韵、有韵

娌　纸韵 271
娟　先韵 138
娲　（媧）佳韵 77 麻韵 172
娱　虞韵 56
娉　青韵 208 敬韵 448
妮　觉韵 477
娥　歌韵 162
娩　阮韵 303 铣韵、愿韵
娑　歌韵 163 哿韵 325
娴　（嫻）删韵 124
娣　荠韵 291 霁韵 394
宴　铣韵 313 霰韵 425
娘　阳韵 179
娓　尾韵
娭　支韵 39
婀　哿韵

敊　虞韵 67
娶　遇韵 386
娄　覃韵 243
娼　阳韵、漾韵
婥　药韵
婴　庚韵 197
婢　纸韵 262
婗　齐韵
婚　元韵 107
婆　歌韵 164
婶　（嬸）寝韵 349
婠　寒韵、黠韵
婉　阮韵 302
娜　阳韵
婵　先韵 140
猫　肴韵、巧韵

八画

婞　迥韵 339
婧　庚韵、梗韵、敬韵
婞　篠韵
婼　麻韵 173 药韵 509
媖　庚韵
婕　叶韵 535
婳　（嫿）陌韵 518

九画

萎　（蔞）虞韵 66
　　尤韵 229 麌韵 289
媒　灰韵 79
媎　哿韵 325 箇韵 438
媟　屑韵
媪　皓韵 322
媚　皓韵 322 号韵 435

媚　未韵　　　　　　嫩　愿韵 414

媛　元韵 108 霰韵 427　　嫖　萧韵

嫂　皓韵 321　　　　　嫣　先韵

媮　(偷)尤韵 226、229　嫦　阳韵、蒸韵

婺　虞韵 68　　　　　　嫚　谏韵 422

婷　青韵　　　　　　　嫘　支韵

婿　(壻)霁韵 391　　　嫜　阳韵 187

媖　真韵 369　　　　　嫡　锡韵 521

　　　十画　　　　　　嫪　号韵 435

媾　宥韵 453　　　　　十二画以上

媖　虞韵 69　　　　　嬈　萧韵、皓韵、啸韵

嫄　元韵 108　　　　　嬉　支韵 33

媲　队韵　　　　　　　嬗　霰韵

媳　陌韵　　　　　　　嬴　庚韵 197

媿　霁韵　　　　　　　嬖　霁韵 393

嫁　祃韵 439　　　　　嬲　筱韵 315

嫔　(嬪)真韵 93　　　嬛　先韵 139

嫉　质韵 485　　　　　　　庚韵 202

嫌　盐韵 244　　　　　嬷　歌韵

嫋　(袅)筱韵 315 药韵 509　孀　阳韵 187

媸　支韵 39

　　　十一画　　　　【纟(糹)部】

嫠　支韵 39　　　　　一至三画

嫱　阳韵 178　　　　　纠　有韵 346

终　东韵 4

绉　(縐)宥韵 454

绊　翰韵 419

经　(經)青韵 204 径韵 450

绐　贿韵 295

绋　(紼绂)物韵 487

绌　质韵

绍　篠韵 314

绎　(繹)陌韵 517

绝　支韵 40

绖　质韵 485

绐　轸韵 297 铣韵

绹　(弦)先韵 130

六画

绑　养韵

结　屑韵 497

绒　东韵

绕　(遶繞)
　　篠韵 314 啸韵 431

绔　遇韵 386

绖　屑韵 500

绗　缉韵 528

绛　绛韵 363

络　药韵 506

绘　(繪繢)
　　泰韵 397 队韵 405

绝　屑韵 497

绚　霰韵 427

绞　肴韵、巧韵 317

统　宋韵 361

绗　阳韵、敬韵

絓　卦韵 402

七画

绠　梗韵 337

练　鱼韵 55

绡　萧韵 144

绢　霰韵 425

绾　(緺)佳韵 77
　　歌韵 165 麻韵 172

绥　支韵 38

绣　(繡繍)宥韵 451

绦　(條縧)豪韵 154

绨　支韵 38

绤　陌韵 518

继　(繼)霁韵 392

绨　齐韵 71

绹　(緔)养韵 331

八画

绩	(績勣)锡韵 519
绫	蒸韵
绪	语韵 277
续	(續)沃韵 475
绮	纸韵 261
绯	微韵 45
绰	药韵 507
绱	(綯鞝)漾韵
绲	阮韵 302
绳	蒸韵 212
绶	有韵 344 宥韵 455
绷	(繃)庚韵 202
绺	有韵 347
绸	豪韵 159 尤韵 227
维	支韵 32
绵	(緜)先韵 136
绹	豪韵 159
综	宋韵 362
绽	谏韵 421
绾	潸韵 308 谏韵 422
绻	阮韵 303 愿韵 415
绿	(綠)沃韵 474
缁	支韵 36

缀	霁韵 391 屑韵 500
缋	霰韵 428
䌽	(彩)贿韵 293

九画

缂	陌韵
缃	阳韵 180
缄	咸韵 249
缅	铣韵 312
缆	(纜)勘韵 457
缈	(淼)筱韵 316
缊	文韵 101 元韵 109
	问韵 411
缇	齐韵 71 荠韵 291
缋	泰韵、队韵
缉	缉韵 527
缌	支韵
缓	旱韵 305
缎	翰韵
缠	先韵 141
缜	真韵 374
缑	尤韵 229
缔	齐韵 70 霁韵 394
缕	(縷)麌韵 286
编	先韵 133

缘　先韵 137 霰韵 427

缗　真韵 92

缌　东韵 11

十画

缚　药韵 506

缜　轸韵 298

缛　沃韵 475

缙　（縉）震韵 409

緳　（䌷）真韵 369

缝　冬韵 16 宋韵 362

缡　（褵缡）支韵

缤　真韵

缟　皓韵 322 号韵 435

缠　先韵 136 霰韵 427

缣　盐韵 246

缢　真韵 373 霁韵

缜　真韵 95 文韵 101

十一画

缥　篠韵 316

缦　寒韵、翰韵 419
　　谏韵 422

缧　支韵

缨　庚韵 197

總　（总）东韵 11 董韵 255

缪　队韵

缩　屋韵 468

缤　铣韵

缪　尤韵 229 筱韵
　　宥韵 454 屋韵 471

缲　（缲）豪韵 158 皓韵 322

维　队韵

十二画以上

缬　屑韵 500

缭　筱韵 316

缮　霰韵 427

缯　蒸韵 213

缰　（韁）阳韵 183

缳　铣韵、谏韵

缱　铣韵 313 霰韵 428

缴　（徼）筱韵、药韵 507

繻　虞韵 65

缵　旱韵 306

纁　文韵 100

纛　号韵 435 沃韵 476

【幺部】

幺　萧韵 143

乡　（鄉）阳韵 174

骏　震韵 408

骙　蟹韵 292

骎　侵韵 237

骐　支韵 38

骑　支韵 34 真韵 368

骓　微韵 45

骓　支韵 39

骕　屋韵

骖　覃韵 238

骦　(割)陌韵 518

骐　齐韵 71

骘　质韵 485

骗　霰韵

骚　豪韵 158

骙　支韵 40

骜　遇韵 384

骜　豪韵 159 号韵 435

骝　(骝)尤韵 219

骜　(骜)陌韵 518

骞　先韵 139

骗　霰韵

十一画以上

骠　啸韵 431

骡　(赢)歌韵 164

骢　东韵 10

惊　(惊)庚韵 189

骤　潸韵

骤　宥韵 454

骥　真韵 371

骦　寒韵 117

骦　阳韵 186

骧　阳韵 179

【巛部】

灾　(灾裁)灰韵 83

甾　支韵

邕　冬韵 18 肿韵、宋韵

巢　肴韵 150

雝　(雍)冬韵 15、19
　　宋韵 362

【王(玉)部】

王　阳韵 175 漾韵 444

玉　沃韵 472

莹　(莹)庚韵 191 径韵 450

玺　(玺)纸韵 270

玭　(玭)贿韵 295 队韵 406

璧　陌韵 513

珧	萧韵 149	玭	麋韵
珠	虞韵 58	琪	支韵 40
珽	迥韵 339	瑛	庚韵 189
珞	药韵 508	琳	侵韵 237
珩	庚韵 201	琫	董韵 256
珣	真韵 95	琦	支韵 40
珵	庚韵 202	琢	觉韵 478
班	删韵 120	琥	麋韵 283
珲	元韵	琲	(玤)贿韵 295 队韵 406

七画

球	(毬)尤韵 224、228	琨	元韵 109
琏	铣韵 311	琱	(雕鵰彫)萧韵 142
琎	真韵 95 震韵 409	琮	冬韵 17
琐	哿韵 324	琬	阮韵 302
理	纸韵 268	琯	旱韵 304
琇	有韵 347 宥韵 455	琼	(瓊)庚韵 201
琉	尤韵	斑	删韵 121
望	阳韵 180 漾韵 442	琰	俭韵 352
琅	(瑯)阳韵 185	琛	侵韵 237

八画

		琚	鱼韵 54
		瑓	(盏盞)潸韵 307
瑃	董韵		
琵	支韵		

九画

琴	侵韵 233	瑟	寘韵 375 质韵 483
琶	麻韵 170	瑚	虞韵 61
		瑊	咸韵 251

瑁　队韵 406 号韵 435

瑞　真韵 367

瑷　霰韵 427

瑀　麌韵 289

瑜　虞韵 58

瑰　（瓌）灰韵 79

瑳　歌韵 165 哿韵 323

瑄　先韵 140

瑕　麻韵 170

瑙　（碯）皓韵 322

瑑　铣韵、霰韵

十至十二画

璈　豪韵 159

瑶　萧韵 146

璃　（瓈）支韵 38 齐韵 69

瑭　阳韵 187

瑽　冬韵 18

瑾　震韵 409

璜　阳韵 185

璀　贿韵 295

璎　庚韵 202

璁　东韵 11

璋　阳韵 184

璇　（璿）先韵 140、141

璆　尤韵 229

璞　觉韵 478

璟　梗韵 337

璺　药韵 509

璠　元韵 108

璘　真韵 94

十三画以上

璪　皓韵 322

璨　翰韵 418

璩　鱼韵 55

璐　遇韵 381

礫　锡韵

瓒　旱韵 306

瓖　阳韵 187

【旡部】

旡　未韵 378

炁　（气）未韵 376

既　未韵 377、565

暨　真韵 372、564
　　未韵 377

【韦（韋）部】

韦　（韋）微韵 44

鞅　（鞥）漾韵 445

韧　（韌靭）震韵 409

炜　（煒）尾韵 272

䩡　（䩙）物韵 487

袆　（褘）微韵 48

韩　（韓）寒韵 111

韪　（韙）尾韵 272

韫　（韞）元韵、吻韵

鞲　（韝）尤韵 227 卦韵

韬　（韜弢）豪韵 158、159

韡　（韡）尾韵 272

【木部】

木　屋韵 463

一画

本　阮韵 300

未　未韵 375、564

末　曷韵 492

术　（術）真韵 375 质韵 481

札　（扎紥紮劄）
　　黠韵 494 洽韵 537

二画

朽　有韵 345

东　（東）东韵 1

朴　（樸）屋韵 470 觉韵 478

杀　（殺）卦韵 401 黠韵 495

朱　虞韵 58

乐　（樂）觉韵 477 药韵 503

杂　（雜襍）合韵 531

机　（機）微韵 46 纸韵 270

朵　（朵）哿韵 324

权　（權）先韵 139

三画

杆　寒韵、感韵

杠　江韵 20

杜　（敨）麌韵 288

杕　（舵）霁韵 394

杖　养韵 331

杌　月韵 491

村　（邨）元韵 106

杙　职韵 527

材　（才）灰韵 81、82

杏　梗韵 337

呆　（獃）灰韵 84

束　湑韵 308

杉　咸韵 250

杓　萧韵 147 药韵 507

条　（條）萧韵 142

五画

柛	真韵 95 文韵
枰	庚韵 189 敬韵
标	（標）萧韵 146 篠韵 316
栈	（棧）潸韵 307
	铣韵 311 谏韵 421
奈	泰韵 397、566
荣	（榮）庚韵 191
某	有韵 346
柑	覃韵 242
枯	虞韵 65
栉	（櫛）质韵 484
柯	歌韵 162
柄	敬韵 448
栊	（櫳䆫）东韵 8
柘	祃韵 441
栋	（棟）送韵 359
栋	（棟）霰韵 427
枢	宥韵 454
栌	（櫨）虞韵 67 御韵 381
柬	潸韵 308
查	（楂）麻韵 170
柮	霁韵 392
相	阳韵 179
	漾韵 442、551
枵	萧韵 148
柚	宥韵 453 屋韵 470
柟	（楠枏）
	覃韵 239 盐韵 248
枳	纸韵 260
枴	（拐）蟹韵 292
柙	洽韵
柞	药韵、陌韵
柣	质韵 486 屑韵
柏	陌韵 513
栎	药韵
栀	（梔）支韵 41
柢	荠韵 291 霁韵 392
栎	（櫟）锡韵 521
枸	虞韵 68 尤韵
	麌韵 283 有韵 346
栅	（柵）谏韵 422 陌韵 515
柳	（桺）有韵 342
柃	青韵、梗韵
柽	（檉）庚韵 202
柒	质韵
染	俭韵 352
柠	（拧檸）庚韵、梗韵

柁　（舵）歌韵、哿韵 323

柱　麌韵 286 遇韵

柿　（杮）纸韵 269 队韵 406

栏　（欄）寒韵 113

柈　（槃）寒韵

柮　月韵 491

柅　支韵 42 纸韵、寘韵

树　（樹）麌韵 283 遇韵 382

枲　纸韵 269

柔　尤韵 222

枷　歌韵 166 麻韵 171

架　祃韵 440

六画

栙　江韵 22

桂　霁韵 391

桔　（橘）质韵 483 屑韵

栳　皓韵 322

栲　皓韵 322

栽　灰韵 82

栙　江韵

桠　（丫）麻韵 172 哿韵

栱　肿韵 258

桭　侵韵 238

桓　寒韵 114

栘　支韵 39

栖　（棲）齐韵 72

栗　（慄）质韵 483、484

桡　（橈）萧韵 145 效韵 432

樝　（樝）麻韵 171

桎　质韵 485

框　阳韵

桄　阳韵、漾韵

档　养韵

柴　佳韵 75 寘韵 374

　　卦韵 402（砦）

桌　觉韵

桢　庚韵 202

桐　东韵 2

槐　霁韵

柴　（橙）支韵 43

桃　豪韵 155

栓　先韵

桧　（檜）泰韵 397

栰　（筏）月韵 490

株　虞韵 57

桯　迥韵 338

栝　曷韵 493

桥　（橋）萧韵 147

豪韵、篠韵、啸韵

梟 屑韵 500

枕 屋韵 471

桦 （樺）麻韵 172 祃韵 441

柏 有韵

桁 阳韵 186 庚韵 201
漾韵 445

栘 支韵 41

桀 屑韵 501

格 药韵 508 陌韵 513

桅 灰韵

桪 真韵、轸韵

案 翰韵 417

栾 （欒）寒韵 116

桨 （槳）养韵 330

校 效韵 432

桩 （樁）江韵 22

核 （覈）月韵 491
屑韵 502 陌韵 516

样 （樣）养韵、漾韵 444

栩 麌韵 289

桑 阳韵 183

根 元韵 107

栈 （棧）真韵、潸韵 307

铣韵 311 谏韵 421

桼 霰韵

枰 庚韵

七画

桛 月韵

彬 真韵 93

埜 （野）马韵 327

婪 覃韵 243

梗 梗韵 334

梼 （檮）豪韵 159
尤韵、皓韵

梧 虞韵 64

梵 东韵、陷韵 461

械 卦韵 400

桿 支韵 41 纸韵

梃 先韵、铣韵

梣 侵韵

桻 齐韵、荠韵

梢 肴韵 151

桯 庚韵、青韵 209

梱 阮韵 302

桴 （枹）虞韵 66
肴韵 154 尤韵 228

梭 支韵 41

棚	庚韵 188 蒸韵	槙	真韵 374
椋	阳韵	禁	侵韵 237 沁韵 456
棓	尤韵、讲韵、有韵	楚	语韵 276 御韵 381
椶	（椶）东韵 11	楷	佳韵 77 蟹韵 292
椀	（碗盌）旱韵 305	榄	（欖）感韵 350
椗	（碇矴）径韵 450	業	（业）洽韵 536
棺	寒韵 117 翰韵	楬	月韵 491 黠韵 495
椁	（椁）药韵		屑韵 501
椰	阳韵 185 养韵 334	楫	（檝）缉韵、叶韵 534
棬	先韵 140	榀	寝韵
棻	荠韵 291	楄	元韵、轸韵、月韵
棣	霁韵 393	棰	（箠）支韵 42 纸韵 262
椭	（橢）哿韵 325	楬	月韵 491
椐	鱼韵 55 御韵 381	楥	（楦）元韵、愿韵 415
楗	阮韵 302 铣韵	榆	虞韵 58
	九画	楯	轸韵 297
桼	屋韵 471	楹	庚韵 197
楔	黠韵、屑韵 500	椉	（矩）麌韵 286
椿	真韵 94	楸	尤韵 221
椹	（葚）侵韵 237 寝韵 349	椵	翰韵
楠	（枏柟）	槐	（櫰）佳韵 77 灰韵 78
	覃韵 239 盐韵 248	榉	（櫸）语韵 278
楂	（茬查槎）麻韵 170	楦	（楥）元韵、愿韵 415
楝	（栋）霰韵 427	榇	（櫬）震韵 408

橄　感韵 351

十二画

橇　月韵 490
檠　（橯）庚韵 192 敬韵 448
橛　（橛）月韵 490
橱　（櫥）虞韵
檎　侵韵 238
橇　（橇）萧韵 149
　　霁韵 394 屑韵 502
樵　萧韵 145
橢　（携）支韵、真韵
橹　（艪艣艫）麌韵 284
橦　东韵、冬韵 19 江韵 22
樽　（罇）元韵 106
橙　庚韵 194 径韵 450
樨　齐韵
橼　先韵 141
檩　寝韵
檐　覃韵 243

十三画以上

橿　（薑）阳韵 183
櫑　灰韵
樯　阳韵 180
檬　东韵

檄　锡韵 520
檐　（簷）盐韵 244
榭　蟹韵
檀　寒韵 112
檗　陌韵 518
麓　屋韵 469
橹　麌韵 284
蘖　（糵）屑韵 501
樊　元韵 103
欑　（攒）寒韵 118

【歹部】

歹　贿韵、曷韵

二至六画

列　屑韵 497
死　纸韵 266
夙　屋韵 471
歼　（殲）盐韵 247
殁　月韵 490
残　（殘）寒韵 112
殂　虞韵、麌韵
殃　阳韵 187
殄　铣韵 312
殇　阳韵 179

殆 贿韵 295
殊 虞韵 58
殉 震韵 409
毙 霁韵 390

七画以上

殒 轸韵 298
孱 篠韵 316
殓 艳韵 460
殖 职韵 525
殚 (殫)寒韵 111
殛 职韵 526
殡 霁韵
殡 (殯)震韵 408
殣 震韵 409
殪 霁韵 394

【车(車)部】

车 (車)鱼韵 50 麻韵 168

一至四画

轧 黠韵 495
阵 震韵 407
轨 纸韵 263
军 文韵 99
轩 元韵 104

轪 霁韵 394 泰韵 398
轫 震韵 408
转 (轉)
铣韵 309 霰韵 428
轭 (軛)陌韵 516
斩 豏韵 354
轮 (輪)真韵 92
软 (輭)铣韵 310
轰 (轟)庚韵 202 敬韵

五画

轹 (轢)锡韵 521
轲 歌韵 164 哿韵 324
箇韵 436
轳 (轤)虞韵 67
轵 纸韵 260
轴 屋韵 466
轸 轸韵 296
轶 质韵 484 屑韵 501
轺 萧韵 146
轻 (輕)庚韵 200 敬韵 449
轱 (軲)虞韵 67

六画

晕 问韵 410
晖 微韵 43

轼　职韵 524
载　贿韵 294 队韵 403
轻　真韵
铨　先韵
轿　(轎)萧韵 149 啸韵 431
辀　(輈)尤韵 224
辂　遇韵 381 祃韵
较　效韵 433 觉韵 479
辇　沃韵 476
崒　(畚)麻韵

七至八画

辄　叶韵 535、572
辅　麌韵 284
辆　养韵
辇　铣韵 309
辊　阮韵 302
辋　养韵 333
辌　阳韵
辈　队韵 403
辉　(輝)微韵 44
辍　屑韵 501
辈　微韵 44
辐　支韵 39

九画以上

辏　宥韵 455
辐　屋韵 470
毂　屋韵 467
辑　缉韵 527
辒　元韵 110
输　虞韵 60 遇韵 387
辐　尤韵 228 宥韵 455
辕　元韵 102
辗　铣韵 312 霰韵 428
辖　(轄)黠韵 495
辔　真韵 369
辘　屋韵 471
錾　勘韵 458
辙　屑韵 499

【戈部】

戈　歌韵 161

一至二画

戋　(戔)先韵 140
戊　宥韵 454
戉　(鉞)月韵 490
戎　东韵 4
划　麻韵 173 陌韵、祃韵

毙　（斃）霁韵 390
琵　支韵

【瓦部】

瓦　马韵 327
瓯　尤韵 225
瓮　（甕）送韵 359
瓴　青韵 208
瓷　（甆）支韵 40
瓶　（缾）青韵 209
瓻　支韵 42
瓿　虞韵 68 尤韵、有韵 346
甄　真韵 94 先韵 139
甃　敬韵
甃　宥韵 454
甍　庚韵 194
甑　径韵 450
甓　锡韵 521

【止部】

止　纸韵 264
正　庚韵 199 敬韵 446
此　纸韵 261、556
步　遇韵 383

武　麌韵 286
歧　支韵 34
肯　迥韵 339
齿　纸韵 270
些　麻韵 172、551
　　箇韵 436、567
歪　佳韵
觜　支韵 42
整　梗韵 336
韰　真韵 91

【日部】

日　质韵 480

一至三画

旦　翰韵 416
旧　（舊）宥韵 452
早　皓韵 318
旬　真韵 93
旭　沃韵 476
旨　（恉）纸韵 262
旰　翰韵 419
旱　旱韵 303
时　（旹時）支韵 28
旷　（曠）漾韵 443

晓　（曉）篠韵 314
晃　（撖）养韵 332
晔　缉韵、叶韵 534
晁　（鼌鼂）萧韵 149
晌　养韵
晏　谏韵 421
晕　问韵 410
晖　微韵 43

七画

晳　（晰）霁韵 394
匙　支韵 37
晡　虞韵 67
晤　遇韵 385
晨　真韵 85
晞　微韵 47
晗　覃韵
晦　队韵 404
晚　阮韵 301

八画

晴　庚韵 196
晢　（暂）勘韵 457、568
暑　语韵 275
晰　（晣）屑韵 501
晶　庚韵 196

智　真韵 367
晷　纸韵 265
晾　漾韵
景　梗韵 334
普　麌韵 285
曾　蒸韵 215、552

九画

尵　尾韵 272
暀　庚韵
暍　月韵 491 曷韵 494
煦　（昫）麌韵 283 遇韵 387
暖　（煖）旱韵 303
暄　元韵 103
暗　（闇）覃韵 243
　　感韵 350 勘韵 457
暌　齐韵 75
暇　祃韵 439

十至十二画

暮　遇韵 385
暧　（曖）队韵 405
暝　青韵 210 径韵 450
暴　号韵 434 屋韵 470
题　齐韵 70 霁韵 393
曌　（同"照"）啸韵

贪　覃韵 240
贩　俭韵 353
贫　真韵 92
败　卦韵 401
货　箇韵 438
质　(質)真韵、质韵 480
贩　愿韵 414
账　(帐)漾韵
购　(購)宥韵 453
贮　(貯)语韵 275
贯　翰韵 417

五画

贰　(弍)真韵 370
贳　霁韵 392 祃韵 441
责　文韵 101 元韵 109
　　真韵 373
贱　(賤)霰韵 425
贴　叶韵 533
贵　未韵 376
郧　文韵 101
买　(买)蟹韵 292
觃　漾韵 444
贷　队韵 404
贸　宥韵 454

恻　职韵 526
贻　(诒)支韵 39
费　未韵 376
贺　箇韵 436

六至七画

贽　(贄)真韵 372
贾　麌韵 282 马韵 328
贼　职韵 524
贿　贿韵 293
赂　遇韵 381
赁　沁韵 456
赃　(臟賍)阳韵 186
资　(貲)支韵 35、36
赅　灰韵
赉　(赉賚)泰韵、队韵 404
赈　轸韵 297 震韵 409
赇　尤韵 228
婴　庚韵 197
赊　麻韵 170

八画

赌　(睛)庚韵
赋　遇韵 382
赌　麌韵 289
赎　沃韵 476

赍　（齎）支韵、齐韵 73
赏　养韵 333
赐　真韵 365
赑　（贔）真韵 373
赒　尤韵 228
赛　冬韵
赔　灰韵
赓　庚韵 201

九画以上

赖　泰韵 396
赙　遇韵 386
赘　霁韵 393
箦　陌韵 517
赛　队韵 405
赚　陷韵
罾　（罳）庚韵 194
赜　陌韵 517
赝　（贋）谏韵 421
赟　真韵
赞　（贊讚）翰韵 417、418
赠　径韵 450
赡　艳韵 459
赢　庚韵 197
攒　寒韵 115 旱韵、翰韵

赣　（灨贛）感韵 351
　　送韵 360 勘韵 457

【见（見）部】

见　（見）霰韵 424

二至七画

观　（觀）寒韵 115 翰韵 416
岘　铣韵 311
现　霰韵
规　支韵 26
觅　（覓）锡韵 520
觍　（靦靦）歌韵
砚　霰韵 424
览　（覽）感韵 350
觇　盐韵 248 艳韵
视　纸韵 263
觉　（覺）效韵 433 觉韵 476
觋　（覡）真韵
觊　（覬）真韵 372
笕　铣韵 311
舰　（艦）豏韵 354
觌　锡韵 521

八画以上

靓　梗韵 337 敬韵 448

觋 （覛）锡韵 520

觌 铣韵

靓 铣韵 312

觍 虞韵 65 遇韵

觐 震韵 409

【牜（牛）部】

牛 尤韵 219

二至四画

牝 轸韵 297

牟 尤韵 225

牡 有韵 346

告 号韵 434 沃韵 476

牦 阳韵

牢 豪韵 158

牣 震韵 409

牦 （氂犛）支韵 39、40
　　肴韵 153 豪韵 159

牧 屋韵 466

物 物韵 486

五至六画

牯 麌韵 288

牵 （牽）先韵 132 霰韵 428

牸 （犖）觉韵 479

牲 庚韵 192

牟 谏韵

牴 纸韵 260 荠韵 291

牳 有韵

特 职韵 525、571

牺 （犧）支韵 37

牷 先韵 139

七至八画

牾 虞韵

牨 江韵

牼 庚韵 201

犁 （犂）齐韵 69

犄 支韵

犊 屋韵 467

犋 遇韵

牿 沃韵 476

犇 （奔逩）元韵 107
　　问韵、愿韵

犍 元韵、先韵

犀 齐韵 72

九画以上

犛 冬韵 19

犏 先韵

犐 歌韵

犒　号韵 435

靠　号韵 435

㸌　（劳）养韵、漾韵

犨　尤韵 228

【毛部】

毛　豪韵 157

毡　（氈毡）先韵 135

毪　虞韵

耄　号韵 435

毬　（球）尤韵 224

毫　豪韵 154

毨　（毨）肿韵 257

毰　灰韵

毳　霁韵 392

毯　感韵 351

毽　霰韵

毹　虞韵 66

麾　支韵 32

氅　养韵 330

氍　歌韵、虞韵

氌　虞韵

氉　号韵 435

氈　虞韵

甀　叶韵 534

【气部】

气　（氣）未韵 376、378

氛　贿韵

氙　先韵

氜　文韵 97

氢　冬韵

氢　（氫）庚韵

氟　物韵

氩　祃韵

氧　养韵

氨　佳韵、贿韵

氨　寒韵

氪　职韵

氮　感韵、勘韵

氯　沃韵

氤　真韵

氰　庚韵

氲　文韵 100

【攴部】

敩　（斅）效韵

敂　有韵

叙　（叙敍）语韵 277

敠　曷韵

敲　肴韵 152 效韵 433

【攵部】

二至五画

收　尤韵 223 宥韵 455

攻　东韵 8 冬韵

攸　尤韵 219、553

改　贿韵 293

孜　（孳）支韵 40 真韵 374

玫　灰韵

败　卦韵 401

牧　屋韵 466

放　养韵 330 漾韵 443

政　敬韵 446

故　遇韵 384

畋　先韵 140

六至七画

敖　（遨）豪韵 156

致　（缴）真韵 367、373

敌　（敵）锡韵 519

效　（傚）效韵 432、433

敉　纸韵

敁　祸韵 440

教　肴韵 153、549
　　效韵 432

敔　语韵 273

敕　（勑勅）职韵 525

救　宥韵 453

敝　霁韵 390

启　（啓啟）荠韵 290

敛　（敛歛）
　　俭韵 352 艳韵 459

敏　轸韵 296

敢　感韵 350

八画以上

敬　敬韵 446

散　旱韵 305 翰韵 416

敞　养韵 330

敦　元韵 106 寒韵 118
　　队韵 405 愿韵 415

数　（數）麌韵 284
　　遇韵 383 觉韵 477

敧　支韵 39

敷　虞韵 60

徵　（征）庚韵 199 蒸韵 213

整　梗韵 336

斃　（毙）霁韵 390

【片部】

片　霰韵 427
版　潸韵 307
牍　（牍）屋韵 467
牌　佳韵 75
牐　（闸）洽韵 537
牒　叶韵 533
牖　有韵 344

【斤部】

斤　文韵 99　问韵 411
斥　陌韵 517
折　（摺）齐韵 71
　　屑韵 498、499
　　叶韵 535
圻　微韵 48
听　（聽）青韵 208
　　吻韵 299　径韵 449
斩　（斬）豏韵 354
昕　文韵 101
所　语韵 276、558
欣　（忻䜣）文韵 100

拆　陌韵
斧　麌韵 285
祈　微韵 46
颀　微韵 48
断　（斷）旱韵 306　翰韵 416
斯　支韵 35、540
新　真韵 85

【爫（爪）部】

爪　巧韵 317
抓　肴韵 153　巧韵、效韵
孚　虞韵 66
妥　哿韵 324
采　（採寀埰）
　　贿韵 293、295　队韵 406
觅　锡韵 520
受　有韵 344
争　庚韵 194
爬　麻韵 172
乳　麌韵 284
爰　元韵 108、547
舀　虞韵、尤韵、篠韵
爱　（愛）队韵 402
奚　齐韵 71

彩　（綵）贿韵 293
舜　震韵 408
亂　（乱）翰韵 416
孵　虞韵
燹　（靉）队韵 406
虩　陌韵 517
爵　药韵 504

【父部】

父　麌韵 280、288
爷　（爺）麻韵 172
斧　麌韵 285
爸　麻韵、祃韵
釜　（鬴）麌韵 286
爹　麻韵 172 哿韵 325

【月部】

月　月韵 488

一至三画

刖　月韵 491 黠韵 495
肌　支韵 33
肋　职韵 526
肝　寒韵 113
肛　江韵

肚　麌韵 283
肘　有韵 345
肜　（肜）东韵 11 冬韵 19
肠　（腸）阳韵 181

四画

肤　（膚）虞韵 60
脁　（膊）真韵、先韵、铣韵
肢　支韵 38
肺　队韵 405
肱　蒸韵 216
肮　（疣）尤韵 227
肫　真韵、元韵
肿　（腫）肿韵 256
肭　黠韵 495
胅　质韵 485 物韵 488
朋　蒸韵 215
股　麌韵 282
胀　（脹）漾韵 445
肪　阳韵 179
肮　（骯）养韵
肥　微韵 46
服　有韵、屋韵 464
胁　（脇脅）
　　艳韵 460 洽韵 537

五画

胠　鱼韵 55 御韵 381
胡　虞韵 61
胨　(腖)送韵
胚　灰韵 84
胧　(朧)东韵 11
胪　(臚)鱼韵 54
胆　(膽)感韵 350 勘韵
胛　洽韵 537
肿　真韵
胗　轸韵 297
胙　遇韵 385
胜　(勝)蒸韵 213 径韵 449
胍　虞韵、遇韵
胝　支韵 39
胸　虞韵 65
胞　肴韵 152
胖　寒韵 118 翰韵 419
脉　(脈脉脈)陌韵 514
胐　尾韵 272 队韵 406
　　月韵 491
胫　(脛胫)
　　迥韵 339 径韵 450
胎　灰韵 83

六画

胺　曷韵
胯　(跨)麻韵
　　遇韵 386 祃韵 441
胰　支韵
胱　阳韵 187
胴　送韵
胭　(臙)先韵
朓　萧韵、筱韵 315
　　啸韵 431
脍　(膾鲙)泰韵 397
胳　(肐骼)药韵、陌韵
脆　霁韵
胸　(胷)冬韵 15
脂　支韵 33
胲　贿韵
胶　(膠轇)肴韵 151、154
　　效韵 433
脐　(臍)齐韵 69
脑　(腦)皓韵 320
脏　(臟髒)
　　养韵 332 漾韵 444
朕　轸韵 298 寝韵 349
胼　先韵 140

朕　荠韵
朔　觉韵 477
朗　养韵 330
脓　(膿)冬韵 18

七画

脖　月韵
脚　(腳)药韵 504
脰　宥韵 453
脯　麌韵 287
胴　(胴)歌韵
脤　轸韵 297
豚　元韵 106
脬　肴韵 153
脞　哿韵 325
脸　(臉)俭韵 352
脢　灰韵 84 队韵 406
脘　旱韵 306
脝　庚韵
望　阳韵 180 漾韵 442
脱　(侻)曷韵 492

八画

腈　庚韵
期　(萁)支韵 30、39
腊　(臘)陌韵 517 合韵 531

朝　萧韵 144
腌　(醃)盐韵 248
腘　(膕)陌韵、职韵
脾　铣韵 311
腓　微韵 46
腴　虞韵 58
脾　支韵 37
腔　江韵 22
腕　翰韵 419
腚　径韵
腋　陌韵 516
腑　麌韵 288
腒　鱼韵 55
腱　元韵、阮韵、愿韵

九画

腻　真韵 373
腠　宥韵 455
腩　感韵
腰　萧韵 147
腷　职韵 527
腼　(靦)铣韵
腽　黠韵
腥　青韵 207
腮　(鰓顋)灰韵 83

腭　（齶）药韵
腧　遇韵
腹　屋韵 466
腺　霰韵
腈　月韵 491
鹏　（鵬）蒸韵 215
腿　真韵 373
腤　覃韵、感韵
塍　蒸韵 212
腠　径韵 449
腾　蒸韵 216
腿　贿韵

十画

縢　（嗪）遇韵 387
膜　虞韵 68 药韵 508
膊　药韵 508
膈　陌韵 518
膑　（臏骸髕）轸韵 297
膀　（髈髐）阳韵 187、养韵

十一至十二画

膝　质韵
膘　（臕）萧韵 149
膞　（腨）真韵、先韵、铣韵
膛　阳韵

滕　蒸韵 216
膩　真韵
膨　庚韵、敬韵
膦　真韵、震韵
滕　蒸韵 217 职韵 526
縢　蒸韵 216
赢　庚韵 197
膳　（饍）霰韵 423
膃　养韵

十三画以上

臁　夔韵
朦　东韵 12
臊　豪韵 159
臆　（繁体“肊”）职韵 525
膻　（羶）先韵 135 旱韵
臁　盐韵
臃　冬韵、肿韵
攒　麻韵
臑　虞韵豪韵 159
臝　哿韵 325
臞　（癯）虞韵 57

【月部】

有　有韵 340

肖　（萧萧）
　　萧韵 142 啸韵 431
育　阳韵 185
肾　轸韵 297
肯　迥韵 339
肴　（餚）肴韵 150
育　屋韵 467
肩　先韵 129
背　队韵 403、404
胄　宥韵 452、455
胃　未韵 377
胤　震韵 408
胥　鱼韵 52
脊　陌韵 515
能　灰韵 84 蒸韵 215
膏　豪韵、号韵
膂　语韵
膺　蒸韵 212
臀　元韵 110
臂　（胳肱）真韵 370

【欠部】

欠　艳韵 459 陷韵 461

二至七画

次　真韵 367
欢　（歡懽讙驩）
　　寒韵 116、117
吹　支韵 24 真韵 370
欥　（欥）御韵 381
欧　（歐）尤韵 228 有韵 346
欣　（忻䜣）文韵 100
软　（軟輭）铣韵 310
欬　真韵 375 卦韵 402
　　队韵 406
欶　（嗽）觉韵 477
欷　微韵 48 未韵 378
欲　（慾）沃韵 475、476
欸　灰韵 83 贿韵 295

八画以上

款　（欵）旱韵 305
欺　支韵 35
欻　物韵 487
歆　感韵 351
歇　月韵 49
歃　洽韵 537
歌　（哥歌）支韵 35
歆　侵韵 237

炆　＼文韵

虔　先韵 138

蚊　（蟁）文韵 96

蝙　删韵 124

齑　（齏）齐韵 73

斓　删韵 124

【方部】

方　阳韵 178

邡　阳韵

於　（于）鱼韵 54
　　虞韵 69、544

放　养韵 330 漾韵 443

施　支韵 25 真韵 374

舫　漾韵 444

旄　（耄）豪韵 155 号韵 435

旆　先韵 135、573

旅　（祣）语韵 274、278

旃　（旆）泰韵 396

旁　（傍）阳韵 185 漾韵 445

旌　庚韵 196

族　屋韵 465

旎　纸韵 271

旋　先韵 137 霰韵 427

旒　（斿）尤韵 218

旗　（旂）支韵 29 微韵 46

旖　支韵、纸韵

旛　（旙）元韵 103

【火部】

火　哿韵 323

一至三画

灭　（威滅）屑韵 498、501

灰　灰韵 77

灯　（鐙燈）蒸韵 214

灶　（竃）号韵 434

灿　（燦）翰韵 418

灼　药韵 506

灸　有韵、宥韵 454

灾　（災裁）灰韵 83

灵　（靈）青韵 207

炀　（煬）阳韵 186 漾韵 445

四画

炜　（煒）尾韵 272

炬　语韵 276

炅　霁韵

炖　（燉）元韵 110

炒　巧韵 318

焗　沃韵

焜　元韵、阮韵

娘　养韵

焚　文韵 98

焯　药韵 509

焰　（燄爓）

　　俭韵 352 艳韵 459

烰　尤韵 229

焓　覃韵

烯　微韵

焫　问韵 411

焙　队韵 405

焠　（淬）队韵 405、406

焱　俭韵、艳韵、锡韵 521

煤　灰韵 79

煳　虞韵

煜　屋韵 470 缉韵

煨　灰韵 84

煺　（焳摋）队韵

煖　（暖）旱韵 303

煲　萧韵

煸　先韵

煅　（锻）翰韵 419

煌　阳韵 184

煊　元韵

煇　（辉）微韵 44

煣　有韵

十至十二画

熄　职韵 526

熔　（鎔）冬韵

熇　萧韵 148 屋韵 471

　　沃韵 476 药韵 509

煽　先韵、霰韵 423

熵　阳韵

熳　翰韵

熛　萧韵 148

熠　缉韵 530

熘　（澑霤）宥韵 453

熨　未韵、物韵

燎　萧韵 150 篠韵 316

　　啸韵 430

燔　元韵 108

燠　皓韵 322 号韵 435

　　屋韵 469

燃　先韵

燐　（磷粦）

　　真韵 94 震韵 409

燊　真韵 371

罜	马韵 328
斟	侵韵 232
斡	曷韵 493

【户部】

户	麌韵 283
护	（護）遇韵 385
启	（啓啟）荠韵 290
戾	霁韵 390
肩	先韵 129
戽	麌韵、遇韵 387
房	阳韵 176
扁	（匾）先韵 139 铣韵 311
扃	青韵 209
扇	（搧）先韵 141 霰韵 423
扈	麌韵 288
扉	微韵 45
雇	（僱）麌韵 288 遇韵 384

【礻(示)部】

示	寘韵 373
佘	麻韵 173
奈	泰韵 397 箇韵 436
柰	泰韵 397、566

祟	寘韵 373
票	萧韵、啸韵
祭	霁韵 391 卦韵 401
禁	侵韵 237 沁韵 456
禀	寝韵 349

一至四画

礼	（禮）荠韵 289
祁	支韵 38
礽	蒸韵 217
社	马韵 327
祀	（禩）纸韵 267
祃	祃韵 438
袄	（右上为横）先韵 140
袄	（右上为撇）萧韵通"妖"
祎	支韵 43
祉	纸韵 270
祇	支韵 36
视	（眎）纸韵 263
祈	微韵 46
祊	庚韵

五画

祛	鱼韵 54
祜	麌韵 288
祐	宥韵 453

五画

思	支韵 31 真韵 365
怎	寝韵
怨	元韵 110 愿韵 412
急	缉韵 528
总	（総總）东韵 11、555 董韵 255 送韵
怠	贿韵 295
怼	（懟）真韵 373
怒	虞韵 289 遇韵 383
毖	真韵 372
忽	（匆悤）东韵 11

六画

恝	黠韵
恶	（惡）虞韵 68 遇韵 386 药韵 502
恚	真韵 372
耻	（恥）纸韵 270
恐	肿韵 258 宋韵 362
恧	屋韵 470 职韵 527
虑	（慮）鱼韵 55 御韵 379
恩	元韵 107
恁	寝韵 349 沁韵
息	职韵 523

恋	（戀）霰韵 426
恣	支韵、真韵 370
恙	漾韵 445
恳	（懇）阮韵 303
恕	御韵 380

七至八画

悬	（縣懸）先韵 133 霰韵 423
患	删韵 124 谏韵 420
悫	（愨慤）觉韵 478
悉	质韵 484
您	文韵
悠	尤韵 219
恿	（慂）肿韵 258
惹	马韵 328 药韵
葱	（蔥）东韵 10
惑	职韵 525
惠	霁韵 389
悲	支韵 28
惩	（懲）蒸韵 210
悫	（憊）卦韵 401

九至十画

想	养韵 331
感	感韵 350

臧　阳韵 185
牆　（墙）阳韵 183

【耂（老）部】

老　皓韵 319
耆　支韵 40
耄　号韵 435
耋　屑韵 500
考　（攷）皓韵 320
孝　效韵 432
者　马韵 326、561
煮　（鬻）语韵 274
耆　御韵 380

【聿（聿）部】

聿　质韵 485、569
肃　（肅）屋韵 467
隶　（隸隷）霁韵 391
肆　真韵 368
肄　真韵 373
肇　（肈）篠韵 315

【毋部】

毋　虞韵 67、546

毐　贿韵

【母部】

毌　虞韵 67 寒韵、翰韵
母　虞韵 67 有韵 342
每　贿韵 295、558
毒　沃韵 474
毓　屋韵 470
纛　号韵 435 沃韵 476

【石部】

石　陌韵 510

二至四画

砗　麻韵 173
矴　（碇椗）径韵 450
矶　（磯）微韵 46
矸　翰韵 420
岩　（喦巇巖）咸韵 249
矻　月韵 491
矽　陌韵
矾　（礬）元韵 108
矿　（礦鑛）梗韵 337
矼　江韵 20
宕　漾韵 444

硋　队韵

硌　药韵 509

硬　梗韵、敬韵 448

硃　(朱)虞韵 58

硝　萧韵 149

硇　(磠)虞韵

硪　歌韵 166 哿韵 323

确　(確碻塙)觉韵 478

硫　尤韵

硷　(碱醶鹼硷醎醶鹹)

　　嗛韵 355

八画

碛　陌韵 515

碍　(礙)队韵 404

碘　铣韵

碓　队韵 405

碑　支韵 24

硼　庚韵

碉　萧韵

碗　(盌椀)旱韵 305

碎　队韵 403

碰　(挡)敬韵

碚　寘韵

碌　(磟)屋韵 470

碜　(磣硶)寝韵、合韵

九画

碧　陌韵 512

碴　麻韵

碡　屋韵 471 沃韵

碟　叶韵

碣　月韵 490 屑韵 499

碳　翰韵

碨　尾韵 295 贿韵

磋　歌韵 165 箇韵 438

磁　支韵 41

碲　霁韵

碥　铣韵 313

碯　(瑙)皓韵 322

十画

磕　泰韵 397 曷韵

　　合韵 532

磊　(礨磥)贿韵 295

磐　寒韵 117

磔　陌韵 516

磅　阳韵 187 漾韵

磉　养韵 334

碾　铣韵、霰韵

眄 铣韵 310 霰韵 428

眍 真韵、吻韵

眇 篠韵 315

省 铣韵、梗韵 336

冒 号韵 435 职韵 526

睨 铣韵

首 有韵 341 宥韵 454

昐 荠韵、霁韵

眨 洽韵 537

盼 谏韵 421

看 寒韵 114 翰韵 419

眊 真韵 373 号韵 434
　　 觉韵 478

盾 轸韵 297 阮韵 303

眈 覃韵 240

眉 支韵 27

五至七画

眬 (矓) 东韵

眛 泰韵 398 队韵 406

眜 曷韵、屑韵

眚 梗韵 337

眠 纸韵

眩 霰韵 426

窅 篠韵 315 啸韵

眠 (瞑) 先韵 132 青韵 209
　　 铣韵、霰韵 428

眙 支韵、真韵 373

眴 真韵 95 霰韵 428

眭 支韵、齐韵

眶 阳韵 186

眦 (眥) 真韵 373
　　 霁韵 393 卦韵 402

眺 篠韵、啸韵 430

眵 支韵 42

睁 庚韵、谏韵

着 (著) 语韵 278
　　 御韵 380 药韵 506

眷 (睠) 霰韵 426

眯 (瞇) 荠韵 291
　　 真韵、霁韵

眼 潸韵 307

眸 尤韵 225

睐 (睞) 队韵 406

睅 元韵 109 寒韵 118

睆 潸韵 307

睑 (瞼) 俭韵

睇 霁韵 392

睌 潸韵 308

瞿	虞韵 65 遇韵 387
瞻	盐韵 245
矍	药韵 509

【田部】

田	先韵 131
由	尤韵 219、553
甲	洽韵 536
申	真韵 87
电	(電)霰韵 425

二至三画

町	青韵 209 迥韵 338
甸	霰韵 426
亩	(畝)有韵 345
男	覃韵 239
畀	真韵 372
画	(畫)卦韵 399 陌韵 514
备	(備俻)真韵 367
甿	(氓)庚韵 194
果	(菓)哿韵 324
甾	支韵

四画

畐	屋韵、职韵

畎	铣韵 311
畏	未韵 377
毗	(毘)纸韵
禺	冬韵 19 虞韵 65
胃	未韵 377
界	卦韵 400
畋	先韵 140
畇	真韵 94
畈	愿韵
思	支韵 31 真韵 365

五至六画

畛	真韵 95 轸韵 297
留	(畱)尤韵 218 宥韵 453
畜	宥韵 454 屋韵 468
畔	翰韵 416
畚	阮韵 303
畦	齐韵 74
毕	(畢)质韵 483
畤	纸韵 267
畱	(畱)支韵 39 灰韵、真韵
略	(畧)药韵 503
累	(纍)支韵 37 真韵 367、374

七画以上

畴　（疇）尤韵 222

畬　（畲）鱼韵 54 麻韵 172

番　（嶓）元韵 108 歌韵 165

畯　震韵 409

蓄　屋韵 468

畱　灰韵 79

畸　支韵 41

畹　阮韵 302 愿韵 415

畿　微韵 46

疃　旱韵 306

壘　（垒）纸韵 267

罍　灰韵 79

飜　（翻）元韵 103

疆　阳韵 183

【罒部】

四　真韵 370

三至八画

罗　（羅）歌韵 160

罘　尤韵 228

罚　月韵 489

罡　阳韵

罢　（罷）蟹韵 292 祃韵 439

罳　麇韵 283

置　鱼韵、麻韵 171

眾　虞韵 67

買　（买）蟹韵 292

胃　霰韵 427

罦　虞韵 68 尤韵 228

罨　真韵 373

署　御韵 379

置　（置真）真韵 363、364

罪　（辠）贿韵 294

罩　效韵 433

蜀　沃韵 475

九画以上

罴　（羆）支韵 37

罱　感韵 351

罳　支韵 37

罹　支韵 40

罿　东韵 11

罾　蒸韵 215

蠲　先韵 132

羁　（羈）支韵 35

【皿部】

皿　梗韵 337

铜　（鉰）哿韵

钴　夔韵

钛　质韵

钵　曷韵 492

钹　曷韵 493

钺　（戉）月韵 490

钻　（鑽）寒韵 117 翰韵 419

钼　屋韵

钿　先韵 131 霰韵 427

钾　洽韵 538

铀　尤韵

铃　青韵 207

铁　（鐵鉄）屑韵 498

铂　药韵

铅　先韵

铇　肴韵 153

铆　巧韵

铄　（鑠）药韵 507

铊　支韵、麻韵 172 宥韵

铉　铣韵 311

铲　（爐鑪）虞韵 64

铍　支韵 40

铋　宥韵、质韵 485

铌　（鈮）支韵

六画

铗　叶韵 534

铡　青韵 205

铐　皓韵

铑　皓韵

铨　质韵 485

铓　阳韵 184

铒　真韵

铙　肴韵 152

铘　（釾）麻韵

铜　东韵 2

铟　真韵

铝　御韵

铛　（鐺）阳韵 186

　　庚韵 188（同"鎗"）

铠　（鎧）贿韵 294 队韵 405

铡　黠韵

铨　先韵 138

铩　（鎩）卦韵 401 黠韵 496

铫　萧韵 149 啸韵 431

铢　虞韵 58

铣　铣韵 308

铦　盐韵 247

铤　迥韵 338

锤 （椎鎚）支韵 37、41
灰韵 84 真韵 374

锥 支韵 36

锦 寝韵 348

锪 陌韵

锹 （枚楸）
盐韵 248 咸韵 251

锫 （鎉）齐韵 71

锧 质韵 485

锬 覃韵 242

锭 径韵 450

锒 阳韵

键 先韵 141 铣韵 312

锰 梗韵

锯 （锔）御韵 380

锱 支韵 41

九画

锲 屑韵 500

锴 合韵

锴 蟹韵 292

锶 支韵

锷 药韵 507

锺 （钟）冬韵 13

锾 删韵 120

锸 （臿）药韵、叶韵
洽韵 537

锹 （鍫）萧韵 150

锻 （煅）翰韵 419

锵 （鏘）阳韵 186

镁 贿韵

镀 虞韵、遇韵 387

镂 虞韵 66 宥韵 454

镃 支韵

十画

镊 叶韵 535

镉 陌韵

镆 药韵 508

镇 震韵 407

镈 药韵 508

锐 养韵

镓 麻韵

镕 冬韵 18

镔 （鑌）真韵

镑 阳韵

镐 皓韵 322

镏 霰韵

镒 质韵 485

镌 （镌鐫）支韵 43

矮　蟹韵 292
雉　纸韵 266
肄　真韵 373
疑　支韵 30
矰　蒸韵 215
屩　药韵、陌韵

【禾部】

禾　歌韵 163

二至三画

利　真韵 366
秃　屋韵 469
秀　宥韵 451
私　（厶）支韵 35
秆　（稈）寒韵、旱韵 306
和　（龢）歌韵 161 箇韵 436
秈　（籼）先韵 141
秉　梗韵 337
季　真韵 371
委　支韵 41 纸韵 261

四画

秬　语韵 276
秕　（粃）纸韵 270
秒　篠韵 315

香　阳韵 174
种　（種）东韵 12
　　肿韵 256 宋韵 362
秭　纸韵 271
科　歌韵 162
秔　（粳稉）庚韵 188
秋　（烁鞦）尤韵 220、227

五画

秦　真韵 91
秣　曷韵 493
秫　质韵 485
乘　蒸韵 212 径韵 449
盉　歌韵
租　虞韵 64
积　（積）真韵 371 陌韵 514
秧　陌韵 178
秤　径韵
秩　质韵 482
称　（稱）蒸韵 214 径韵 450
秘　（祕）真韵 372

六至七画

秸　（稭）佳韵、黠韵 495
稆　（穭）语韵 278
秽　（穢）队韵 404

【白部】

白	陌韵 511

一至八画

百	陌韵 514、518
皂	（皁）皓韵 322
帛	陌韵 513
的	锡韵 520
皇	阳韵 179
皆	佳韵 77、546
泉	先韵 133
皈	（归）微韵
皋	（皐）豪韵 156
皑	（皚）灰韵 83
皕	职韵
皎	篠韵 315
皓	（皜暠顥）
	皓韵 318、322
皖	寒韵、旱韵、潸韵
皙	锡韵 520

九画以上

魄	药韵 509 陌韵 514
皞	皓韵 322
翱	（翶）豪韵 156

皤	歌韵 165

【瓜部】

瓜	麻韵 169
瓞	屑韵 500
瓠	虞韵 68 遇韵 387
瓢	萧韵 147
瓣	谏韵 422
瓤	阳韵 186

【鸟（鳥）部】

鸟	（鳥）篠韵 313 啸韵

二至四画

鸠	尤韵 223
鸡	（雞鷄）齐韵 71
枭	萧韵 143
鸢	先韵 137
鸣	庚韵 190
鸦	（鵶）麻韵 170
鸥	（鷗）尤韵 225
鸹	皓韵 321
鸩	沁韵 456
鸧	（鳺）屑韵 500
鸽	（鴿）阳韵 186

鹝　月韵 490 黠韵 494

鹙　尤韵 227

鸕　（鷔）支韵 40

鶩　遇韵 384 屋韵 469

鶣　支韵

十画

鶺　锡韵 521

鷇　宥韵 454

鶬　东韵

鷂　萧韵 149 啸韵 431

鶒　陌韵

鶹　锡韵 520

鹣　盐韵 248

鹤　药韵 504

十一画以上

鹦　（鸚）庚韵 202

鶼　祃韵

鹭　宥韵 455

鷯　萧韵 148 啸韵 431

鷚　萧韵 149

鷙　宥韵 454

鸂　齐韵

鷸　质韵 485

鷺　遇韵 382

鸇　删韵、先韵

鷤　先韵 141

鹰　蒸韵 212

鸝　东韵、董韵

鶾　阳韵

鸛　翰韵

【疒部】

二至四画

疗　青韵

疖　（癤）屑韵 500

疗　（療）啸韵 431

疠　（癘）霁韵 393

疟　（瘧）药韵 508

疙　质韵

疝　谏韵 422

疚　宥韵 454

疡　（瘍）阳韵 186

疣　（肬）尤韵 227

疬　（癧）锡韵 521

疯　（瘲）宋韵 362

疥　卦韵 401

疯　东韵

疮　（瘡）阳韵

瘀　鱼韵、御韵 381
痰　覃韵 243
瘅　寒韵 118 哿韵 325
　　箇韵 438
瘆　沁韵

九至十画

瘩　合韵
瘗　（瘞）霁韵 392
瘌　（鬎）曷韵
瘍　阳韵 186
瘟　文韵 100 元韵
瘉　（愈癒）虞韵 67
　　麌韵 288、289
瘦　宥韵 453
瘪　（癟）屑韵
瘊　尤韵
瘥　歌韵 165 麻韵
　　卦韵 399
瘘　（瘻瘺）宥韵 455
瘙　号韵
瘢　麻韵 172 马韵 328
瘭　药韵 509
瘝　（瘝）霁韵
瘤　尤韵 227 宥韵 455

瘰　寒韵 117
瘠　陌韵 517
瘖　（喑）侵韵 237 沁韵 456
瘫　寒韵

十一画以上

癭　梗韵 337
瘵　卦韵 401
瘴　漾韵 444
瘰　哿韵
瘳　尤韵 223
瘸　歌韵
瘾　（癮）吻韵
癃　东韵 11
癔　职韵
癞　（癩）泰韵 398
癍　霰韵
癖　陌韵 516 锡韵
癏　删韵 119
癣　铣韵 312
癫　（瘨）先韵 141
癯　（臒）虞韵 57

【立部】

立　缉韵 528

窍　（竅）啸韵 429

窝　篠韵、啸韵

窅　篠韵 315 啸韵

窄　陌韵 516

宨　麻韵 172

窌　肴韵 153 效韵 433
　　宥韵 454

窈　篠韵 315

窒　质韵 484

窕　篠韵 315

窑　（窰窯）萧韵 149

窎　（突交）篠韵、啸韵 431

七画以上

窜　（竄）翰韵 418

窝　歌韵 165

窖　效韵 433

窗　江韵 20

窘　轸韵 297

窥　（闚）支韵 35

窦　宥韵 453

窠　歌韵 163

窟　月韵 489

窪　（洼）麻韵 172

窨　沁韵 456

窲　质韵

窳　麌韵 289

窿　东韵 11

窜　（蹿蹉）翰韵 418

窬　（踰）虞韵 65

【衤（衣）部】

衣　微韵 47 未韵 378

哀　灰韵 80

衰　（缞）支韵 36、40
　　灰韵 83 歌韵

衷　东韵 3 送韵 360

衾　侵韵 234

衮　阮韵 301

袅　（嫋）篠韵 315 药韵 509

袭　（襲）缉韵 529

袋　（帒）队韵 405

袈　麻韵

袤　宥韵 454

裁　灰韵 82 队韵 406

襄　（褻）屑韵 500

裂　屑韵 498

裒　尤韵 229

装　阳韵 179

裤　（褲袴）遇韵
裥　谏韵 422
裙　（帬）文韵 98
裱　（褾）篠韵 316 啸韵 432
裺　覃韵、俭韵
褚　语韵 275
裸　（倮臝）哿韵 325
裼　锡韵 521
裨　支韵 40
裾　鱼韵 50 御韵
褂　卦韵

九至十画

褡　合韵
褙　队韵
褐　曷韵 492
褓　皓韵 321
褛　（缕）麌韵 286
褊　铣韵 311
褪　队韵、愿韵 415
褥　沃韵 475
褴　（褴）覃韵 243
褫　支韵、纸韵 261
褵　（缡）支韵 39
褙　祃韵

褟　合韵
襁　队韵

十一画以上

褶　（襵）
　　缉韵 530 叶韵 535
襂　真韵 371
襁　（繈）养韵 332
襕　（襴）寒韵
襟　侵韵 234
襦　虞韵 57
襫　队韵 406

【疋（𤴓）部】

疋　（匹）鱼韵 55
　　马韵 328 质韵 484
胥　鱼韵 52 语韵
蛋　旱韵
昼　（畫）旱韵
旋　先韵 137 霰韵 427
疏　（疎）鱼韵 52 御韵 380
楚　语韵 276 御韵 381
疑　（𠤷）支韵 30、37
疐　霁韵 392

【皮部】

皮	支韵 25
玻	歌韵
皱	(皴)宥韵 454
皰	(疱)效韵 433
颇	歌韵 165、561
	哿韵 325
皲	文韵 101
跛	哿韵 325 真韵
皱	真韵 93
皻	(齇)麻韵

【癶部】

癸	纸韵 267
登	(蹬鐙)
	蒸韵 214 径韵 450
凳	(橙)径韵 450
發	(发髪)月韵 489、490

【矛部】

矛	尤韵 225
柔	尤韵 222
矜	文韵、蒸韵 213

矞	质韵
婺	遇韵 387
蟊	尤韵

【㇆(艮)部】

艮	愿韵 415
良	阳韵 182
限	潸韵 307
艰	(艱)删韵 123
垠	真韵 91 文韵 101
	元韵 109
垦	(墾)阮韵 303
眼	潸韵 307
恳	(懇)阮韵 303
即	职韵 526、572
既	未韵 377、565
暨	真韵 372、564
	未韵 377

【耒部】

耒	纸韵、队韵 405
耔	支韵 41 纸韵 271
耕	庚韵 193
耘	文韵 100

耖　效韵

耗　豪韵、号韵

耙　祃韵

耜　纸韵 267

鉬　麻韵

秴　（劉）陌韵

耢　号韵

耥　养韵

耦　有韵 344

耧　尤韵

耪　养韵

耩　讲韵 260

耨　（鎒）宥韵

耰　尤韵 227

耱　箇韵

【耳部】

耳　纸韵 268、557

二至四画

耵　青韵、迥韵

取　麌韵 287 有韵 346

耶　麻韵 171、551

聳　合韵

耻　（恥）纸韵 270

聠　（聘）覃韵 242

聳　（聳）肿韵 259

耽　（躭）覃韵 240 感韵

耿　（梗鯁骾）

　　梗韵 334、337、338

聂　（聶）叶韵 535

五画以上

聋　东韵 8

职　（職）职韵 522

聆　青韵 208

聊　萧韵 143、549

聍　青韵、迥韵

聒　（聒）曷韵 493

联　（聯）先韵 136

聘　庚韵、敬韵 448

職　（馘）陌韵 518 职韵

聚　麌韵 286

聩　卦韵 401

聪　东韵 10

聱　肴韵 153

【臣部】

臣　真韵 86

卧　箇韵 437

颐　迥韵 338
颖　梗韵 336
颏　灰韵 84 贿韵 295
颊　曷韵 493
头　（頭）尤韵 226
颐　支韵 36
頗　（颇）叶韵 534
频　真韵 91、573
颔　覃韵 243 感韵 350
頺　（隤）灰韵 79
颍　梗韵 336

八至九画

颗　哿韵 325
题　齐韵 70 霁韵 393
頠　感韵、勘韵
颥　冬韵 18
颚　药韵
额　（額）陌韵 513
颜　删韵 121
颞　先韵 140

十画以上

颥　（顬）叶韵
颟　寒韵

颠　先韵 131
类　（类）真韵 368
颡　养韵 330
顾　（顾）遇韵 384
颢　皓韵 322
嚣　萧韵 145 豪韵 159
颤　先韵、霰韵 427
颦　真韵 91
颧　先韵 140

【虍部】

虎　麌韵 281
虏　（虜）麌韵 288
虐　药韵 506
虓　支韵 40
虎　（猇）肴韵 153
虔　先韵 138
虑　（慮）鱼韵 55 御韵 379
虚　鱼韵 53
彪　尤韵 227
虞　虞韵 56
觑　（覰覷）语韵、御韵 381
號　陌韵 517

【肉部】

肉　宥韵、屋韵
胬　麌韵
胾　寘韵
胔　支韵 42 真韵
脔　(臠)铣韵

【虫部】

虫　(蟲)东韵 3

一至三画

虬　(虯)尤韵 227
虮　(蟣)尾韵 272
虱　(蝨)质韵 484
虾　(蝦)麻韵 171
虹　东韵 9 送韵
　　绛韵 363
虺　灰韵 83 尾韵 272
虿　(蠆)卦韵 401
虽　(雖)支韵 41、542
蚁　(蟻螘)
　　纸韵 265 尾韵 272
蚝　药韵、陌韵
禹　麌韵 280

虹　(螝)庚韵 201
蚤　(蝨)养韵 330 漾韵
茧　(繭絸蠒跰)铣韵 309
蚤　皓韵 322
蚜　纸韵
蚂　马韵

四画

蚌　(蜯)讲韵 259
蚨　虞韵 67
蚜　麻韵
蚍　支韵
蚕　(蠶)覃韵 240
蚑　支韵 41 真韵 374
蚬　铣韵 312 霰韵 428
蚋　霁韵
蚧　卦韵
蚣　冬韵 19
蚠　(蚡)文韵 101 吻韵 299
蚝　(蠔蚝)
　　豪韵 160 真韵 374
蚪　有韵 346
蚊　(蟁)文韵 96
蚩　支韵 40
蚓　轸韵 297

五画

萤　（螢）青韵 209
蚶　覃韵 243
蛄　虞韵 66
蛎　（蠣）霁韵 394
蛊　（蠱）麌韵 282
蛆　鱼韵 54
蚰　尤韵 229
蚺　盐韵
蚰　洽韵
蛉　青韵
蚱　祃韵、陌韵
蚯　尤韵
蛇　（虵）支韵 39 麻韵 169
蛀　遇韵
蛋　旱韵
蛏　（蟶）庚韵 202
蚴　尤韵、有韵

六画

蛱　叶韵 535
蛙　佳韵 77 麻韵 171
蛰　（蟄）屑韵、缉韵 529
蛲　萧韵 149
蛩　（萓蛩）

冬韵 17、18 肿韵
蛭　质韵 485 屑韵 501
蛳　支韵
蛔　灰韵
蛤　合韵 531
蜓　青韵 206 铣韵 312 迥韵
蛛　虞韵 57
蛞　曷韵
蜒　先韵 140
蛴　齐韵 69
蛟　肴韵 151
蛮　删韵 121
蛘　阳韵、养韵 334
蛇　祃韵
蜉　尤韵 228

七画

蜇　屑韵
蜃　轸韵 298 震韵 409
蛱　（蛺）叶韵 535
蛸　萧韵 149 肴韵 153
蜗　佳韵 77 歌韵、麻韵 172
蜎　先韵 140 铣韵 312
蜈　虞韵
蜀　沃韵 475

蝗 阳韵 185 庚韵、敬韵

蝱 （虻）庚韵 201

蝣 尤韵 227

蝙 先韵

蝤 尤韵

蝼 （蝼）尤韵 229

螯 尤韵

蝦 （虾）麻韵 171

十画

螯 豪韵 156

螨 感韵

蟒 养韵 333

蟆 麻韵 171

螓 真韵 95

融 东韵 5

螈 元韵

螘 （蚁蟻）

纸韵 265 尾韵 272

螅 职韵

螉 东韵 12

螃 阳韵 187

螭 支韵 32

螗 阳韵 186

螎 真韵

蟟 青韵 209

十一画

蛰 （蛰）缉韵 529

螫 陌韵 517

螬 豪韵 159

螵 萧韵

螈 阳韵

蟏 萧韵

螳 阳韵 186

螺 歌韵 163

蟈 陌韵 518

蟋 质韵

螽 东韵 11

蟓 养韵

蟑 阳韵

蟀 质韵 485

螽 尤韵

十二画

蟢 纸韵

蟛 （蟚）庚韵 203

蟪 霁韵 394

蟠 寒韵 117

蟮 铣韵

笏	职韵	笛	锡韵 519
竿	寒韵 113	笙	庚韵 192
竽	虞韵 65	筰	（筰）药韵 508
笈	缉韵 529 叶韵 534	笭	青韵
笓	（篺筲）支韵 37	符	虞韵 59
笃	（篤）沃韵 476	笱	有韵 346
笄	齐韵 71	笠	缉韵 529
笕	（筧）铣韵 311	筒	真韵 369
笔	（筆）质韵 480	第	霁韵 389
笑	啸韵 429	笾	（籩）先韵 133
笏	月韵 489	笯	虞韵 67 麻韵 172
笫	纸韵 270	笝	麻韵 171
笍	巧韵、效韵 433	笞	支韵 35
笋	（筍）轸韵 297		
笓	支韵、齐韵 75	**六画**	
笆	麻韵 172 马韵	筜	（簹）阳韵 185
五画		筐	阳韵 184
笥	旱韵 306 哿韵 323	等	迥韵 339
笺	（箋牋椾）先韵 128	策	（筴筞）陌韵 512、537
筇	（筇）冬韵 17	筑	（築）屋韵 469、470
笪	哿韵	筘	（簆）宥韵 455
笨	阮韵	筆	（筆）质韵 485
笼	（籠）东韵 8 董韵 255	筒	（箭）东韵 2 送韵
笡	曷韵 494	筛	支韵 39 佳韵
		筥	（簴）语韵 277、278

簀　真韵 372 卦韵 402
篁　阳韵 184
篌　尤韵 228
篇　先韵 136
箭　霰韵 423
篓　尤韵 229 麌韵 283
　　有韵 347
篆　铣韵 310
篨　鱼韵

十画

篝　尤韵
箣　质韵 485
篚　尾韵 272
篮　覃韵 242
篹　（纂）谏韵 422
篷　东韵 10
篛　尤韵 228
簑　（蓑）灰韵、歌韵 164
篙　豪韵 157
篱　（籬）支韵 34
篰　有韵

十一画

篲　（彗）真韵 373 霁韵 392
篿　先韵 140

籔　屋韵
簧　（镁）阳韵 185
篾　屑韵 501
篼　尤韵 230
簃　支韵 41
簏　屋韵 470
簖　（籪）翰韵
簇　屋韵 470
簁　纸韵 265

十二画以上

簪　覃韵、侵韵 236
簬　麌韵 288
簸　俭韵 353 艳韵
箪　寒韵 118
簦　蒸韵 214
籆　（篗）药韵 509
簸　哿韵 325 箇韵 437
簹　宥韵 454
籁　泰韵 396
簿　麌韵 285
簰　（簿簰）佳韵 77
籍　陌韵 512
纂　（纂）旱韵 306
籝　（籯）庚韵 202

籥　（龠）药韵 507

【臼部】

臼　有韵 345
兒　（儿）支韵 25 齐韵 75
臾　虞韵 65
舁　鱼韵
舀　虞韵、尤韵、篠韵
舂　冬韵 14
舅　感韵 351
舄　（潟）陌韵 516
舅　肴韵 345
與　鱼韵 54 语韵 274
　　御韵 380、543
舉　（举擧）语韵 277
舊　（旧）宥韵 452
輿　（轝）鱼韵 51
譽　（誉）鱼韵 51 御韵 379

【自部】

自　真韵 373、564
首　有韵 341 宥韵 454
臬　屑韵 500
臭　（嗅齅）宥韵 453

息　职韵 523
鼻　（庫）真韵 369、374
鼾　寒韵

【血部】

血　屑韵 498
洫　职韵 526
恤　（卹賉）质韵 483
衃　灰韵 84
衄　（衂鼹）屋韵 469
衈　（衊）震韵 408

【舟部】

舟　尤韵 221
舢　删韵
舡　江韵
舣　（艤樣）纸韵 270
舰　（艦）豏韵 354
舱　阳韵
舨　潸韵
般　（弁）寒韵 118 删韵 121
航　阳韵 182
舫　漾韵 444
舸　哿韵 323

舻　（艫）虞韵 67

舳　屋韵 470

盘　（盤）寒韵 116

舲　青韵 208

舴　陌韵

鸼　尤韵 230

船　（舩）先韵 138

舶　陌韵 516

舵　哿韵

舷　先韵 139

艇　迥韵 338

舣　支韵

艄　肴韵

艅　鱼韵

艋　梗韵 337

艘　萧韵、豪韵 158

艎　阳韵 184

艚　豪韵 159

艟　东韵 11 冬韵
　　绛韵 363

艨　东韵 12

【羊部】

羊　阳韵 184

一至六画

羌　阳韵 182

差　支韵 34 佳韵 75
　　麻韵 171 卦韵、祃韵

美　纸韵 263

羑　有韵 347

养　（養）养韵 329 漾韵 444

姜　（薑）阳韵 182

羖　（粘）麌韵 282

羔　豪韵 157

恙　漾韵 445

羞　尤韵 220

羊　阳韵 186

盖　（蓋）泰韵 395
　　合韵 532、565

着　（著）语韵 278
　　御韵 380 药韵 506

羚　青韵

羝　齐韵 70

羟　（羥）阳韵、养韵

羡　漾韵 445

善　铣韵 308 霰韵 428

羨　霰韵 426

翔　阳韵 182

糊　虞韵 66

糌　感韵

糇　(餱)尤韵 228

糅　有韵、宥韵 454

糍　(餈)支韵 40

糈　鱼韵 54 语韵 275

糙　号韵 435

糗　有韵 346

糕　(餻)豪韵 157

糖　(餹醣)阳韵 186

十一画以上

糟　豪韵 155

糠　(穅)阳韵 185

糯　(稬稉)箇韵 437

糵　屋韵 469

蘗　(糱)屑韵 501

糶　(粜)漾韵

【羽部】

羽　麌部 279

三至八画

羿　霁韵 394

翄　(翅)寘韵 369

翃　庚韵 201

翀　东韵 11

翁　东韵 10

翎　青韵 208

翊　职韵 526

翌　职韵 527

翘　萧韵 148

翁　缉韵 530

翔　(翔)阳韵 182 泰韵 398

翚　(翬)微韵 44

翥　御韵 380

翡　未韵 378

翠　寘韵 368

翟　陌韵 517 锡韵 520

九画以上

翦　(剪)铣韵 310

熠　缉韵 530

翩　先韵 139

翮　陌韵 515

翰　寒韵 111 翰韵 415

翱　豪韵 156

翯　沃韵、觉韵 477

翳　霁韵 391

翼　职韵 523

翻　元韵 103

翾　先韵 139
耀　（燿）啸韵 430

【糸部】

糸　锡韵

一至七画

系　霁韵 391、392
素　遇韵 383
索　（索）药韵 505 陌韵 516
紮　（扎札紥紮）
　　黠韵 494 洽韵 537
紧　（緊）轸韵 298
紊　问韵 411
素　（縈）庚韵 201
累　（纍）
　　支韵 37 纸韵、寘韵
　　寘韵 367、374
絜　屑韵 502
緝　（緝）缉韵 530
紫　纸韵 262
絮　御韵 380

八画以上

綦　支韵 37
縈　荠韵 291

緊　齐韵 75 霁韵
纙　萧韵 149 尤韵 229
　　宥韵 454
縏　寒韵
繁　元韵 103 寒韵 118
纇　队韵 405

【麦（麥）部】

麦　陌韵 513
麸　虞韵 68
麯　（麴曲）
　　屋韵 469 沃韵 473
麳　尤韵 228
麵　（面面麪）
　　霰韵 422、426

【走部】

走　有韵 343 宥韵 454

二至五画

赴　遇韵 386
赵　（趙）篠韵 316
起　有韵 346
赶　（趕）旱韵
起　纸韵 269

越　月韵 489　曷韵 493

趄　鱼韵 55

趁　（趂）铣韵 312　震韵 409

趋　（趨）虞韵 59　遇韵 386

超　萧韵 144

六画以上

趦　支韵

趖　歌韵

趣　（趣促）

　　有韵 347　遇韵 386

趟　（蹚踚）庚韵 203　敬韵

趲　旱韵 306

【赤部】

赤　陌韵 515

郝　药韵 508

赦　祃韵 440

赧　潸韵 308

赪　庚韵 202

赫　陌韵 517

赭　马韵 328

【豆部】

豆　（荳）宥韵 453

豇　江韵 22

逗　宥韵 453

豉　真韵 373

脰　宥韵 453

豌　寒韵

䜥　蟹韵

頭　（头）尤韵 226

豏　豏韵 354

【酉部】

酉　有韵 346

二至五画

酊　青韵、迥韵 339

酋　尤韵 228

酐　寒韵

酎　宥韵 454

酌　药韵 506

配　队韵 404

酏　支韵 38　纸韵 265

酝　（醖）吻韵、问韵 411

酗　遇韵 387

酕　豪韵

酚　文韵、吻韵、问韵

酸　宥韵 455

酖 （鸩）覃韵 243 沁韵 456

酤 虞韵 66 麌韵 289
　　遇韵 387

酣 覃韵 242

酢 药韵 508

酥 （苏蘇穌嘛甦）
　　虞韵 64、69

酡 歌韵 165

酸 曷韵

六至七画

酮 东韵 12

酪 迥韵 340

酪 药韵 507

酱 （醬）漾韵 444

酬 （酧醻）尤韵 222

酵 效韵 433

酽 （釅）艳韵 459

酾 （釃）支韵 41 纸韵 270

酺 虞韵 66 遇韵 386

酲 庚韵 198

酹 泰韵 398 队韵 406
　　曷韵

酴 虞韵

酷 沃韵 475

酶 灰韵 84

酯 纸韵

酿 （釀）漾韵 444

酸 寒韵 115

八至十画

醋 遇韵 386

醄 豪韵 159

醅 灰韵 80

醇 （淳）真韵 92

醉 寘韵 369

醍 支韵

醁 沃韵 476

醢 霁韵 392 屑韵 500

醒 先韵

醐 虞韵 66

醒 荠韵 291

醒 青韵 207 迥韵 338
　　径韵 450

醑 语韵 275

醄 贿韵 294

醨 支韵 38

十一画以上

醪 豪韵 158

酿 屋韵 470

醮　啸韵 431
醯　齐韵 72
醵　鱼韵 55 御韵 381
　　药韵 508
醴　荠韵 290
醲　(浓)冬韵 18
醺　文韵 100
醾　(醿)支韵 40

【辰部】

辰　真韵 85
辱　沃韵 474
唇　(脣)真韵 92
宸　真韵 93
晨　真韵 85
蜃　轸韵 298 震韵 409

【豕部】

豕　纸韵 262
彖　翰韵 419
豗　灰韵 83
家　麻韵 167
豚　元韵、阮韵
象　养韵 329
豢　谏韵 421
豨　微韵 48 尾韵 272
豪　豪韵 154
毅　未韵 377
豮　文韵 101
豫　御韵 380
豳　真韵 94
豵　东韵 11

【卤(鹵)部】

卤　(鹵滷)麌韵 284
鹾　(鹺)歌韵 165
鹻　(碱鹼硷堿醎鹼鹹)
　　豏韵 355
鹽　盐韵 243 艳韵 460

【里部】

里　(裏裡)
　　纸韵 268 寘韵 375
厘　(釐)支韵 37
俚　纸韵 269
重　冬韵 15 肿韵 257
　　宋韵 361
哩　寘韵

理　纸韵 268

野　（埜）马韵 327

量　阳韵 184 漾韵 443

童　东韵 2

【足部】

足　遇韵 387 沃韵 473

二至四画

趴　麻韵

趵　效韵、觉韵 478

趸　吻韵

趿　合韵 532

趺　（跗）虞韵 66

跂　（企）纸韵 269 真韵 374

距　语韵 276

趾　纸韵 267

跄　（蹡蹌）阳韵 186、187

跃　（躍）药韵 505 锡韵

五画

跕　（蹀）陌韵 518

践　（踐）铣韵 310

跋　曷韵 493

跚　寒韵 118

跅　药韵

跌　屑韵 501

跞　（躒）药韵 508 锡韵

跔　虞韵 67

跑　肴韵 153

跎　歌韵 165

跏　麻韵 172

跆　灰韵

跛　哿韵 325 真韵

六画

跬　纸韵 270

跫　冬韵 19 江韵 22 肿韵

跨　祃韵 441

跷　（蹺蹻屩屩）

　　篠韵 316 药韵 508

跸　（蹕）真韵 375 质韵 484

跐　支韵、纸韵

跳　萧韵 142 啸韵

跲　叶韵、洽韵 537

跣　铣韵 311

跹　（躚）先韵 139

路　遇韵 381

跪　纸韵 265

跺　（跥）哿韵、箇韵

跻　（躋）齐韵 73 霁韵

跟　元韵 109

七至八画

趄　霁韵、屑韵
跦　（躊）尤韵
跟　阳韵 186
踊　（踴）肿韵 258
跽　纸韵
踖　药韵 509 陌韵 517
跨　支韵 41 纸韵 271
跼　屋韵 471 锡韵 521
踔　效韵 433 觉韵 479
踝　马韵 328
踢　漾韵 445 锡韵 521
踏　（蹋）合韵 532
跐　支韵 42
踬　真韵 372
踪　（蹤）冬韵 16
跑　阮韵 302
踏　（搭）宥韵、职韵 526
跕　（跕）叶韵 535
踯　（躑）陌韵 518
踡　（蜷）先韵 141
踞　御韵 380
踺　霰韵

九至十画

蹅　马韵
蹍　轸韵 298
蹀　叶韵 534
踹　铣韵、翰韵
踶　齐韵、纸韵、霁韵 394
踵　肿韵 257
踽　麌韵 289
蹄　（蹏）齐韵 70
踱　药韵
蹉　歌韵 165
蹁　先韵
蹂　尤韵 228 有韵 346
　　宥韵 454
蹑　（躡）叶韵 534
蹈　号韵 434
蹊　齐韵 71
蹓　（遛）尤韵 227
蹇　阮韵 302 铣韵 311
蹐　陌韵 518
蹒　寒韵
蹓　（蹸）铣韵
踰　（窬）虞韵 65

十一画

踳　鱼韵 55 药韵 509
蹙　屋韵 469
蹦　敬韵
蹔　(暂)勘韵 457、568
蹩　屑韵 500
蹢　陌韵、锡韵 521

十二画

蹶　(蹷)霁韵 393 月韵 490
蹰　(躇)虞韵 66
蹻　萧韵
蹼　屋韵
蹯　元韵 108
蹪　(蹪鼠)翰韵 418
蹴　啸韵
蹵　(蹙)屋韵 470
蹭　径韵
蹲　元韵 106
蹰　径韵
蹬　径韵 450
蹺　(跷)灰韵、先韵、队韵

十三画以上

躁　号韵 435

躅　沃韵 475
蹁　震韵 409
躜　寒韵
躔　先韵 136
躐　叶韵 535
躞　叶韵 535

【身部】

身　真韵 88
射　祃韵 440 陌韵 516
躬　(躳)东韵 4
躯　虞韵 58
躲　哿韵

【谷部】

谷　(穀)屋韵 465
卻　药韵 506 陌韵 518、571
欲　(慾)沃韵 475、476
鹆　沃韵 476
豁　曷韵 493

【豸部】

豸　纸韵 261
豺　佳韵 76

豹　效韵 432

豣　(犴)寒韵、删韵

貂　萧韵 142

貃　陌韵 518

貆　元韵 108 寒韵 117

貅　尤韵 228

貉　药韵 508

貌　(皃)效韵 432 觉韵 478

貘　陌韵 517

貔　支韵 39

【角部】

角　觉韵 476

斛　屋韵 468

觖　屑韵 502

觞　(觴䬂)阳韵 178

觚　虞韵 62

觥　庚韵 188

觜　(嘴)支韵 42 纸韵 261

触　(觸)沃韵 475

解　(觧)蟹韵 292 卦韵 401

觫　屋韵 471

觭　支韵 43 纸韵

觯　(觶)支韵 42 真韵 372

觷　质韵 485

觳　屋韵 471 觉韵 478

觼　觉韵

【辛部】

辛　真韵 85

莘　真韵 94

宰　贿韵 294

辜　虞韵 62

辞　(辭辝)支韵 30、34

辟　(闢)陌韵 516

辣　(辢)曷韵 493

辨　铣韵 310

辩　铣韵 310

辫　铣韵 311

瓣　谏韵 422

【青部】

青　青韵 203

靓　梗韵 337 敬韵 448

静　梗韵 336

精　庚韵 196

靓　(澱)霰韵

【雨部】

雨　　麌韵 278　遇韵 387

三至七画

雲　　（云）文韵 96、100、573

雱　　虞韵 65

雪　　屑韵 496

雳　　锡韵 521

雰　　文韵 100

雯　　文韵 101

雱　　阳韵 187

雷　　灰韵 79

零　　先韵 139　青韵 208

雹　　觉韵 478

雾　　（雾）遇韵 384

需　　虞韵 65

霆　　青韵 205

霁　　霁韵 388

震　　震韵 407

霄　　萧韵 144

霉　　（黴）灰韵

霈　　泰韵 398

霅　　叶韵 535　洽韵 537

霖　　屋韵 471

八至十二画

霖　　侵韵 231

霏　　微韵 44

霍　　药韵 507

霓　　（蜺）齐韵 72
　　　　屑韵 501　锡韵 521

霎　　叶韵 535　洽韵 537

霜　　阳韵 177

霡　　（霢）陌韵 518

霞　　麻韵 167

霪　　侵韵 237

霭　　泰韵 397

霰　　霰韵 422

十三画以上

霸　　陌韵

露　　遇韵 381

霹　　陌韵 519　锡韵 521

霾　　佳韵 77

【齿（齒）部】

齿　　（齒）纸韵 270

龀　　吻韵 299　震韵 409

龃　　祃韵

龁　　月韵 491　屑韵 500

龃　麻韵 172

齟　麻韵、语韵

韶　萧韵

龄　青韵 207

龈　(斷齦)文韵 101
　　真韵 93 清韵

齜　佳韵

齬　鱼韵 55 虞韵 68
　　语韵 273

龊　(齪)觉韵 479

龋　(齲)麌韵 283

龌　觉韵

齯　麻韵 172

【黾(黽)部】

黾　(黽)轸韵 298
　　铣韵 312 梗韵 337

鼋　(黿)元韵 102

鼍　歌韵 163

【隹部】

隹　支韵 41

　　　二至六画

隼　轸韵 297

准　(準凖)
　　轸韵 296 屑韵 502

隽　(寯雋俊儁)
　　铣韵 312 震韵 408

隻　(只)陌韵 517

难　(難)寒韵 112 翰韵 416

售　尤韵 228 宥韵 451

崔　灰韵 83

椎　支韵 37

集　缉韵 528

雅　马韵 327

雁　(鴈)谏韵 420

雄　东韵 5

雀　药韵 504

睢　支韵 38 真韵 374

焦　萧韵 145

雇　麌韵 288 遇韵 384

碓　队韵 405

雎　鱼韵 55 尾韵、语韵

雉　纸韵 266

稚　(穉)寘韵 372

雏　(雛)虞韵 60

雍　冬韵 15 宋韵 362

雌　支韵 33

雒　药韵
翟　陌韵517 锡韵520

八画以上

霍　药韵507
雕　(鵰彫琱)萧韵142
瞿　虞韵65 遇韵387
雠　(讐)尤韵222、224
藿　药韵507
離　(离)支韵25、41
　　霁韵393
耀　(燿)啸韵430

【采部】

采　(採寀)
　　贿韵293 队韵406
菜　队韵404
彩　贿韵293
悉　质韵484
番　(蟠)元韵108
　　寒韵、歌韵165
釉　宥韵
释　(怿)陌韵516、517

【鱼(魚)部】

鱼　(魚)鱼韵48

二至七画

魛　豪韵159
魟　东韵
魨　元韵
鲁　麌韵284
鲠　(耿鲠梗)
　　梗韵337、338
鲂　阳韵184
鱿　尤韵
鲃　麻韵
鲇　(鲶)盐韵248
鲈　(鱸)虞韵64
鲉　尤韵230
鲊　(鲝)马韵328
鲋　遇韵386
鲍　巧韵317
鲎　(鱟)宥韵455
鉈　歌韵165
鲅　(魬)支韵、荠韵
鲐　支韵、灰韵
鲑　齐韵、佳韵77

鲑　屑韵

鲛　翰韵

鲅　(鲌)曷韵、陌韵

鲥　支韵 40

鲉　纸韵 266

鲖　东韵 11 肿韵 259

鲗　职韵

鮰　灰韵

鮆　(鮏)支韵

鲍　灰韵 84

鲛　肴韵 152

鲜　先韵 134 铣韵 311

鲚　荠韵

鲟　(鱏鱘)侵韵 238

鮨　支韵、霁韵

鲡　(鱺)齐韵、荠韵

鲠　(骾)梗韵 337、338

鲢　先韵 141

鲣　先韵

鲥　支韵 41

鲤　纸韵 269

鲦　萧韵

鲧　(鮌)阮韵 302

鲨　麻韵 172

鲩　(鯶)阮韵 303

鲫　陌韵 517 职韵 527

八至十画

鲭　青韵、庚韵 202

鲮　蒸韵 216

鲱　未韵

鲰　尤韵、有韵

鲴　遇韵

鲲　元韵 109

鲳　阳韵 187

鲷　萧韵

鲵　齐韵 72

鲸　庚韵 192

鲹　(鯵)真韵

鲼　问韵

鲻　支韵

鲽　合韵、叶韵

鲗　职韵

鳃　(腮顋)灰韵 83

鳍　真韵

鳓　(鱨)阳韵 180

鳄　(鱷)药韵 508

鳆　屋韵

鳅　(鰌)尤韵 227

鳇　阳韵

鳊　先韵 140

鳌　(鼇)豪韵 156

鳍　支韵 39

鳎　叶韵

鳏　删韵 123

鳐　萧韵 148

鲦　(鯈)
　　萧韵 149 尤韵 228

鳑　阳韵

鳒　盐韵 248

十一画以上

鳕　屑韵

鰳　职韵

鳔　篠韵

鳗　寒韵 118 愿韵

鳙　冬韵 19

鳝　曷韵 494

鳖　(鼈)轸韵

鳔　阳韵

鳖　(鼈鼈)屑韵 499

鳜　霁韵 393 月韵 491

鳟　(鱓)铣韵

鳟　阮韵 302

鳞　真韵 88

鱤　感韵

鳢　荠韵 291

鳣　先韵 135

鳍　旱韵

【非部】

非　微韵 45、542

辈　(琲)贿韵 295 队韵 406

靠　号韵 435

靡　(縻)支韵 38 纸韵 260

【韭部】

韭　(韮)有韵 345

齑　(齏)齐韵 73

【革部】

革　陌韵 515

二至四画

靪　青韵、迥韵

勒　职韵 525

靰　月韵

靸　合韵

靴　(鞾)歌韵 164

靳　问韵 411
靶　祃韵 441
靷　轸韵 297 震韵 409

五至六画

靺　曷韵
鞄　屑韵
鞅　养韵 329
鞑　翰韵
鞍　真韵
靿　效韵 433
鞋　（鞵）佳韵 75
靼　曷韵
鞌　（鞌）寒韵 112
鞒　（鞽）药韵

七至八画

鞓　青韵
鞘　（鞘）肴韵 153 啸韵 431
鞔　寒韵
鞠　屋韵 470
鞞　（鼙）齐韵 73
　　纸韵 270 迥韵
鞚　送韵 360 质韵 485
鞡　麻韵
鞬　元韵 109 铣韵 313

九画以上

鞯　（韉）先韵 128
鞳　合韵
鞨　曷韵 494
鞮　齐韵 70
鞫　屋韵 470
鞭　先韵 138
鞧　（鞦）尤韵 227
鞣　尤韵、宥韵 455
鞲　尤韵、卦韵
鞴　宥韵 374
　　真韵、遇韵、卦韵
韩　庚韵
韂　微韵 46
韆　（千）先韵 140

【面部】

面　（麵麪）霰韵 422、426
靦　铣韵 312
靥　叶韵 535

【骨部】

骨　月韵 489
骭　翰韵 419 谏韵 422

【音部】

音　侵韵 235
歆　侵韵 237
愔　侵韵 237
韵　(韻)问韵 410
窨　沁韵 456
意　真韵 364
韶　萧韵 146
黯　咸韵、豏韵 354
赣　(灨贛)感韵 351
　　送韵 360 勘韵 457

【首部】

首　有韵 341 宥韵 454
馗　支韵 39 尤韵 229
馘　(聝)陌韵 518 职韵

【高部】

高　豪韵 157
郜　肴韵 154 皓韵 322
　　药韵 509
敲　肴韵 152 效韵 433
膏　豪韵 158 号韵 435

嚣　觉韵 477

【鬥部】

鬥　(斗鬦鬪)
　　有韵 343 宥韵 452
鬧　效韵 432
鬩　锡韵 521

【髟部】

髟　萧韵 149 尤韵 229
　　咸韵 251
髡　(髠)元韵 109
髢　霁韵 394
髦　豪韵 155
髧　感韵 351
髴　(佛彿)未韵 378
　　物韵 486、487
髯　(髥)盐韵 245
髮　(发發)月韵 489、490
髫　萧韵 142
髻　霁韵 390
髭　支韵 36
鬆　(松)尤韵 228 真韵
鬘　麻韵 171

髇　庚韵

鬃　（骎骏）
　　东韵 10 冬韵、江韵

鬘　先韵 140

鬖　东韵 11

鬐　支韵 41

鬢　（顯）轸韵

鬒　（鬓）震韵 408

鬚　（须）虞韵 57、573

鬙　蒸韵 214

鬟　删韵 120

鬣　叶韵 533

髿　歌韵 166、172

【鬲部】

鬲　（瓹）陌韵 517 锡韵 521

鹝　锡韵 521

融　东韵 5

翮　陌韵 515

鬻　支韵

鬶　屋韵 469

鬵　侵韵 237 盐韵 248

【麻部】

麻　麻韵 166

麼　支韵 32

摩　歌韵 164 箇韵

磨　歌韵 163 箇韵 437

縻　支韵 36 纸韵

靡　（縻）支韵 38 纸韵 260

魔　歌韵 164

【黄部】

黄　阳韵 179

黇　盐韵

黈　元韵

黉　（黌）庚韵 201

【鹿部】

鹿　屋韵 465

麤　（粗麄麤）虞韵 65 麌韵

麂　纸韵

麀　尤韵 227

漉　屋韵 470

辘　屋韵 471

麃　（麠）萧韵 149 肴韵 153

廛　虞韵

麖　(廬)真韵95 文韵101

塵　(尘)真韵89

麈　麌韵283

麋　支韵32

麒　支韵41

麓　屋韵469

麑　(貌)齐韵

麔　(鏕)豪韵159

麝　祃韵441

麟　(麐)真韵89 震韵409

【黑部】

黑　职韵524

墨　职韵523

默　(嚜)职韵525

黔　侵韵237 盐韵247

黛　队韵404

黝　有韵346

黜　质韵484

點　點韵494

黡　(黶)俭韵353

黟　支韵42 齐韵

黢　鱼韵

黩　屋韵

黧　支韵40 齐韵69

黥　(剠)庚韵192

黪　嗛韵354

顯　(鬓)轸韵

黲　感韵

【黍部】

黍　语韵275

黏　(粘)盐韵247

【鼓部】

鼓　麌韵281

瞽　麌韵288

鼜　豪韵157

鼜　(韇)齐韵73

鼟　蒸韵217

【鼠部】

鼠　语韵275

鼢　(蚡)文韵101 吻韵299

鼫　陌韵519

鼬　宥韵454

鼪　庚韵201 敬韵

词 韵 韵 部 表

平　声	上　声	去　声	入声
一东、二冬	一董、二肿	一送、二宋	入声十七部全部通押，但不得与上、去声混押
三江、七阳	三讲、二十二养	三绛、二十三漾	
四支、五微 八齐、九佳(半) 十灰	四纸、五尾、八荠 九蟹、十贿	四寘、五未、八霁 九泰、十卦(半) 十一队	
六鱼、七虞	六语、七麌	六御、七遇	
八庚、九青 十蒸、十一真 十二文、十二侵 十三元(半)	十一轸、十二吻 十三阮(半) 二十三梗 二十四迥、二十六寝	十二震、十三问 十四愿(半) 二十四敬、二十五径 二十七沁	
十三元(半) 十四寒、十五删 一先、十三覃 十四盐、十五咸	十三阮(半)、十四旱 十五潸、十六铣 二十七感、二十八俭 二十九豏	十四愿(半)、十五翰 十六谏、十七霰 二十八勘、二十九艳 三十陷	
二萧、三肴、四豪	十七筱、十八巧 十九皓	十八啸、十九效 二十号	
五歌	二十哿	二十一箇	
九佳(半)、六麻	二十一马	十卦(半)、二十二祃	
十一尤	二十五有	二十六宥	

注:1. 每个小方格内各韵部通押,建议以词韵用于诗韵通押。
　　2. 同一横排中,虚线左右相对应的上声和去声可以通押,但不得与入声混押。

后　记

　　《诗韵合璧》簿头很小,携带方便,网购可得。它是与唐宋以来传统诗词的平水韵绝对一致的,故对今人阅读学习古典诗词有绝对的对应性。它的特点是双向组词,如"洪"字有"宽洪"和"洪福"两种组词方法,词汇特别丰富,为当代诗人创作和修改诗词曲赋提供了广阔的选词范围,并有极大的选词灵活性和表情达意的准确性,这是其他任何韵书、辞书所无法企及的。在中华传统诗词大发展、平水韵受到重视的今天,这本优秀的韵书本该在诗词界发挥很大的作用,但由于该书是科举时代的工具书,是为了适应科举考试而编写的,它只有韵部,没有明细页码目录,且各韵部内的字序编排也无任何规律,需硬记韵部才能进行选词检索。现代人没有必要、也不可能有时间和精力去硬记韵部,所以使用起来感觉十分不便。

　　编者在长期实践中发现,《诗韵新编》与《诗韵合璧》的韵部错乱分歧太多,仅举两例:

　　"贞"字在《诗韵合璧》的"八庚"韵中,应归《诗韵新编》的"十七庚",但因为它在普通话里是前鼻音,却放在《诗韵新编》的"十五痕"中去了,本来它与"庚、精、成、晶、

名、明……"等一组字在平水韵的同一"八庚"部中,现在
却出现了"庚、痕不能通押"的问题。

　　"光荣"的"荣"和"晶莹"的"莹",都在《诗韵合璧》中
的"八庚"部中,但在《诗韵新编》中也被分开了。如一首
七绝中有"偕"、"牌"、"斋"三个韵脚字,本来都是《诗韵合
璧》中的"九佳"韵可押,但用《诗韵新编》一对照,"偕"在
"四皆"韵,"牌、斋"在"九开"韵,而"四皆"、"九开"不通
押。即使用"十三辙"来对照,"四皆"属"乜斜","九开"
属"怀来",也不通押。《诗韵合璧》中同韵的字,或邻韵可
通押的两字,在《诗韵新编》中反而不是邻韵,甚至被分到
"庚"、"痕"两部,一千多年来能够通押的字,经如此一改,
现在却不能通押了!

　　称为"文乡"、"诗窟"的安徽桐城、枞阳及周边广大地
域的方言,至今根本没有后鼻音,有"痕"无"庚",本无庚、
痕之别。依汉语拼音绝对分开前、后鼻音,是汉语的难点,
也是全国多数地区语言交流的麻烦。只因为"庚、痕"合并
后字太多了,所以《诗韵新编》中以前、后鼻音将其硬性分
开,限制了诗人的创作,也没有地域根源和历史依据。

　　《诗韵新编》中的"五支"和"七齐"两部韵字的韵母都
是"-i",本来可以再合并,但它却以字的声母不同分作两
类,将"z、c、s、zh、ch、sh、r"为声母的字放在"五支"部,将
其余声母如"b、d、j、l……"等为声母的字放在"七齐"部。
这里以声母分类,不以韵母分类,无法说明韵学是研究韵

母的还是研究声母的,也无法判断这种分法科学与否。

《诗韵新编》既分列了入声字,貌似平水韵。但它以汉语拼音为理论依据,在合并韵部的同时,改造并打乱了平水韵的分部,变得不是平水韵了。同时,它在韵目中既以简化字为字头,又以古体设部首,无形中为今之初学者增设了障碍。且《诗韵新编》是单向组词,词汇贫乏。

类似上述的例子很多,说明《诗韵新编》与《诗韵合璧》两书的韵部是错乱的,根本不能对应。因为立论根源不同,就连平水韵的"邻韵通押"也被打乱了。如果说它"韵部较宽,便于创作",但这一点"优点"完全可以用平水韵的"邻韵放宽通押"取而代之。

鉴于目前许多诗刊的《征稿》文曰"押韵从宽",可将平水韵"邻韵通押"扩大到与词韵一致。

填词必须严格依照词韵韵部。词韵韵部虽然很宽,但它是建立在平水韵诗韵的基础上的,它的每一部都是平水韵中的几个韵部的绝对合并,二者之间概念范围的内涵和外延是完全重合的,没有增加或减少一字。如词韵的"第一部平声",它包含的是平水韵诗韵的"一东、二冬"两个韵部。而《诗韵新编》的诗韵韵部与平水韵诗韵韵部不对应,进而与词韵韵部就更不对应了。如用《诗韵新编》中的某一部来填词,用的就不是词韵了。近几年来,许多诗刊一再重印《诗词韵合编》,就是在强调平水韵、防止混乱用韵的,也是在反复强调词韵是建立在平水韵诗韵的基础上,不可受拼音的影响,填词用韵与《诗韵新编》无关。

　　运用词韵韵部填词,是平水韵;运用《诗韵新编》韵部写诗,是"新编韵"。目前大多数诗人都在使用并钻研这两个韵种,两者相互矛盾之处常引发创作混乱和争论,耗费诗人大量精力,影响创作,不利于中华诗词的发展。

　　同样的道理,中华新韵只分平仄,作为诗韵未尝不可;但词韵是要分上、去、入声的,且入声与上、去声不得混押,那么,通用中华新韵以后,没有了入声,押入声韵的《忆秦娥》、《念奴娇》等抒发豪迈气慨、声情悲壮、韵律优美的大量词作,今后也将再难出现。

　　《诗韵合璧》自出版以来,至今仍延用繁体字。对没有繁体字学习功底的人来说,增加了使用难度。如今汉字拼写早已进入电脑时代,字库中繁简字体对应齐全,都能轻易键出,繁体字也不再让人"烦"了。此外,随着"中国汉字听写大会"节目的播出,也激活了古汉语中那些丰富多彩、表意准确生动的大量优美字词。而内容丰富的《诗韵合璧》,就是因为检索不便没有很好地发挥其应有的作用。因此,我们有责任尽己所能,让它再显辉煌。

　　编者退休后只检索了平声字为自己所用,因许多诗友的索取和督促,逐渐加快进度,花了近十年的业余时间,逐字登录,两次转抄、整理归部、调整字序、修改补充,查对几部韵书辞书,又查对了《简化字总表》、《异体字整理表》和《现代汉语通用字表》,打字制作电子版,拼合制作生僻字,又多角度校对,计翻检 20 轮以上,以部首检字法编成《诗韵合璧·索引》一书。本书除了常见常用的简化的偏旁部首之外,都严格遵循《诗韵合璧》内文的释义,做到了异形、繁简同条出现,使每一个具有小学知识水平的人都能在《诗韵合璧》中快速找到所需的字,进而在大量词语中选用恰当的词。编者使用原手抄本多年,受益匪浅。

　　"部首检字法"最普及、最简便。古代辞书、韵书都是"地支分部检字法",今之初学者,首先要艰难地背诵"地支"(子丑寅卯……)十二字顺序,再背诵"一二子中行……"的检字口诀,还要经过三四次(部首笔画、字笔画、两字笔画多少对比找前后顺序)数笔画,一路都是"汉字语言指引",始终不出现明确页码,路径太长,稍一疏忽,思路就断了,又得重新起头。因此,查一个字比"部首检字法"要多出几倍的时间;未熟背几首口诀的人,等于看天书。古代部首早已简化,古今写法差别很大。如大量的"月"字旁要查六画的"肉"字部;"辶"不是三画,而是七画;"罒"字头要查"网"字部;遇到"阝"部,还要默读"左阜右邑"的口诀。如今的古稀之人都是新中国成立后读书的,没学过古体部首,没读过《六十花甲子纳音歌》,习惯了使用简体,他们退休后,凭着热情与爱好来到老年大学习作诗词,因为不会写古部首和繁体字就数不出笔画来,在备受煎熬之后,不得不怅然放弃!

　　有的韵书特别笨重,是《诗韵合璧》几倍的体积和重量，是二十多倍的价格。相对于博大精深的内容，《诗韵合璧》与别的韵书比较，可算袖珍本，可以携出书房，方便教学和研讨。

许多韵书，如《词林正韵》、《佩文诗韵》、《诗韵·检韵》、《字汇》、《考正字汇》等，都只作到"定韵分部"为止，其中根本没有组词，无词可用，这些书与《诗韵合璧》无法攀比，当然与本书无关。

本书在编写过程中，得到了安庆市诗词界诸位吟长多次给予的精神鼓励和理论支持。他们认为，此书的出版发行，不仅能救活以前发行的近十万册《诗韵合璧》，且对该书以后的重印发行有极大的推动作用，也为推动古汉语优美字词的广泛应用提供了方便。近期又得到中华诗词学会老会长梁东先生的大力支持，在热情题写书名之后又多次关注出版进度；安徽省诗词学会诸位吟长也多次鼓励我尽早出版，在此一并表示感谢！

本书除收录《诗韵合璧》中的韵字之外，又补充了《诗韵合璧》中没有的现代常用字 1800 多个，都根据多部韵书辞书，准确地补出了平水韵的韵部，弥补了《诗韵合璧》的不足。

本书的编写多在寒暑假期，工作量大，几度病痛困扰，犹豫停顿，加上水平所限，错误难免，恳请广大吟友以书信、电话、电信等方式批评指出，编者衷心感谢并立即更正！如用手机短信发至 13329269099，可以当日回复！

　　十年积累,一朝成册,如释重负。现以"一先"韵题诗一首献给读者:

　　　　合璧藏金九十年,冰封焐热早心坚。
　　　　初为检录供私用,常遇催询借友传。
　　　　寒暑煎熬鱼鲁辨,晨昏伛偻线针穿。
　　　　今朝锁钥成双配,宝典掀开奉雅贤。

编　者

二〇一四年重阳

电子邮箱:WZX20080518@QQ. COM
QQ 号:909009927
电话:13329269099、13383728011